JN254650

# しまくとぅばの

## 琉球語の歴史を眺める

# 課外授業

石崎博志

ボーダーインク

# はじめに

## 「しまくとぅば」の現在、過去、未来

本書は沖縄で使われている言葉の現在と過去、そして未来について考えたものである。「課外授業」と称しているように、「しまくとぅば」、つまり琉球語がどのような言葉なのかを、従来とは少し違った視点で、主に外側から眺めてみた。

まずは著者の自己紹介をしよう。ボクは沖縄に住んでやがて十九年になる。生まれは石川県の金沢だが、実家で過ごしたよりも長く沖縄に住んだことになる。もともとの専門は中国語の歴史であり、今も続けている。最初は琉球王国時代に学ばれていた中国語である官話や、琉球語を記した中国資料に興味をもっていたが、琉球語そのものに興味を持つようになった。

その大きなきっかけとなったのは、琉球古典音楽の三線や笛を始めたことである。安冨祖流のかつてのありさまを彷彿(ほうふつ)とさせるお稽古の方法や、工工四(クンクンシー)の歌詞と実際の歌のへだたりは、ボクの探求心を大いに刺激した。そして三線や笛を通して、沖縄の様々な年代の方とお話しする機会を得て、沖縄の言語状況についてたくさんのことを教えて頂いた。島言葉(しまくとぅば)で話をされていた時は、聞き取れない言葉もとびだし、そのたびに質問をしたが、いつも気さくに答えて下さった。こうした地元の方々とのやりとりが本書の内容につながっている。

沖縄でのボクは、三線や笛ばかりやっている。そう思われる方もいらっしゃるが、大学で教鞭も執っている。同僚諸氏には様々なことを教えて頂いた。また学生など若い世代と授業などで話をする機会も多い。そうしたなかで、多くの情報をネットで簡単に入手できるようになった反面、根拠の乏しい話を信じ込んだり、それに振り回されたりすることも多いと感じていた。

例えば、保栄茂を「ビン」と読むのは、沖縄の地名に中国語が反映されているからだといった話や、極端なものでは琉球語は中国語の流れをくんでいるといったものまで様々である。言葉の研究をしていれば、こうした話はほとんど根拠がないことはすぐに分かるのであるが、言語学の知識がなければ案外こうしたことを理解するのは一般の方には難しいのではないかと思うようになった。

ボクがお世話になった沖縄の一般の方や、同僚、大学生、高校の生徒などに、沖縄の言葉について、わかりやすく伝えたい。しがない言語学者であるが、そういう思いが本書に込められている。

地元にずっと住み続けていると、自分の身が置かれる環境が当たり前になり、他の文化圏と比較をした時に、実は非常に難解だったり、エキセントリックだったりすることに意外と気付かないものである。ボクは沖縄にとって余所者であり、生粋の琉球語研究者にとっては門外漢である。だがそんなボクだからこそ、疑問に思うこと、気付くこともあるかも知れない。日本語話者が中国語を研究したり、中国語話者が日本語を研究したりするのは、まさに母語話者なら疑問も持たずに素通りしてしまう事柄に疑問を抱き、こだわることに意味がある。

だからボクがたどり着いたとりあえずの結論が、正しいというつもりは毛頭ない。各小文は、考え方と視点を提供し、そう考える根拠を自分なりに示し、理解を深め、共有するために書かれている。だから、ここに書いてある結論めいたものは、将来への話題提供のようなものと考えていただきたい。そして、なるべく広い話題を提供するために、一つ一つの話題はなるべく短くして読み切れるものにした。興味のあるものを途中から拾い読みしても問題はない。

また、授業には雑談や余談はつきものである。本書では、言葉の話題だけでなく、ボクが大学で働くなかで日々感じることなども盛り込んだ。

カフェでコーヒーを飲むような、ちょっとした空き時間に気軽に読んで下されば幸いである。

# 目次

はじめに　「しまくとぅば」の現在、過去、未来　1

## 保栄茂はなぜ「ビン」と読むのか

二つの同心円　14
最古の琉球語資料　20
琉球語を記した中国資料　24
『琉球訳』に記された地名について　28
地名における琉球語の変化　32
保栄茂はなぜ「ビン」と読むのか　36
北谷はなぜ「チャタン」と読むのか　40
波平はなぜ「ハンジャ」と読むのか　44
具志頭はなぜ「グシチャン」と読むのか　48
地名と漢字の関係　50

## 漢字と琉球語の世界

言語における固有の要素と外来の要素 54
現代琉球語における漢字の読み方 58
漢字の発音をめぐる琉球語と日本語のズレ 63
琉球漢字音 66
琉球語のなかの漢語 72
中国語から直接借用された漢語1 76
中国語から直接借用された漢語2 82
フィンプンは「屏風」なのか？ 85
さんぴん茶について 88

## 外国から観た琉球語

琉球における書き言葉　94
漢文の素読と琉球王国の共通語　97
玉音放送の言葉　100
琉球で中国語を学ぶ　103
新発見の琉球官話資料　106
琉球語を記したフランス語資料　110
もう一つのハングル資料　113
『琉英国語』という名の中国語資料　116

## 琉球語の過去と現在、そして未来

方言札は琉球語を消滅させたのか　122

方言札をめぐる男女差　125
ヒーローにもっと琉球語を　128
歴史ドラマと琉球語　131
舞台と観客の言葉　133
琉球語はどう表記すればいいか　135
資源としてのしまくとぅば　139
未来の琉球語の担い手　141
失われた音を求めて　144
日琉同祖論と言語　147
ウチナーヤマトグチの基層　150
国名と言語名（言語か方言か1）　153
政治の話と言葉の話（言語か方言か2）　156
言葉に歴史あり　159
琉球語の公用語化とアイデンティティ　161
進化論と言語　165

## 授業とお稽古のあいだに


専門家の意見もいろいろ　170
広まる俗説　172
こんにちは、よろしく、そしてありがとう　175
避けたい話題と文化　177
よい外国語の使い手　179
観光地はサンエー　181
若者は本当に内向きなのか　183
言語間の不平等　185
美しい言葉　188
無意識の差別感情　191
偉人と罪人とボク　194
国語科のなかの中国語　197
大学というところ　200

趣味の延長と研究　202
文系学問における「再現性」　204
授業とお稽古　206
楽しむことを覚える　209

あとがき　212

# 保栄茂はなぜ「ビン」と読むのか

# 二つの同心円

しまくとぅば、つまり琉球語の歴史と現在の状況をかんがえるうえで、言葉の地理的な位置づけがどのようになっているかを理解しておくのはとても重要である。なぜなら、言語の地理的分布とその歴史にはゆるやかな関係があるからである。例えば、現在、日本各地で使われている方言を比較すれば、昔の発音をおおまかに推測することができる。方言の音や語彙や文法現象が文化的中心地から同心円状に分布する場合、外側の古い形から内側の新しい形へ順次変化したと推定される。つまり、言葉は同心円の中心地から周辺に向かって伝わり、古い形が周辺部の地域に残ると考える。これは柳田国男「蝸牛考（かぎゅうこう）」（一九三〇）などで提示された考え方で、これを「方言周圏論（ほうげんしゅうけんろん）」という。琉球語の話をする前に、少し遠回りになるが古代の日本語の話から始めよう。現存する最古の和歌集である『万葉集』（奈良時代）には数多くの和歌が記されている。では奈良時代の日本語の発音はどのようなものだったのだろうか。

当時はまだ「ひらがな」や「カタカナ」が漢字から派生する前の時代であるため、表記は全て、

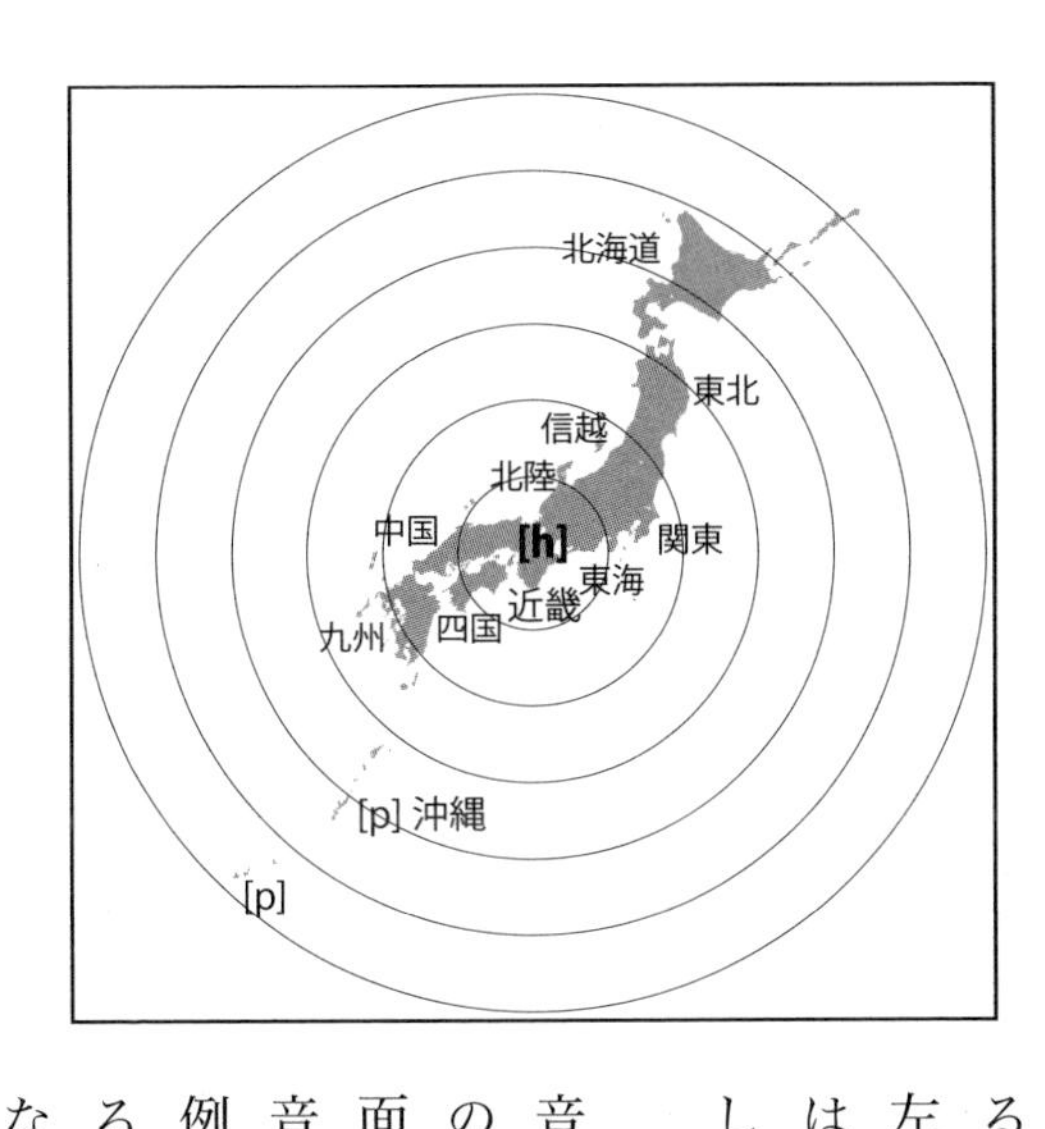


音に漢字を当てて使われている。例えば「石ばしる垂水の上のさわらびの萌えいづる春になりにけるかも」という和歌は、原文では「石激垂見之上乃左和良妣乃毛要出春尓成來鴨」と書かれる。「春」はまた「波流」、「芳流」などとも書かれるが、こうした日本語を表記した漢字を「万葉仮名（まんようがな）」という。

これらを調査した結果、当時の奈良時代のハ行音は[p]音であったと言われる。現在、日本各地の方言では、ハ行音は[h]音になっていて、昔の面影をとどめていないが、琉球弧の言葉にはハ行音を[p]音で発音する地域が数多く残っている。例えば「花」は、本土の日本語では「ハナ」と発音するが、沖縄の宮古島や石垣島、鹿児島の奄美大島などでは「パナ」という発音になっている。

こうした周辺部に古い形が残る現象は、音声だけでなく、語彙においても観られる。例えば『拾（しゅう）

遺集』の和歌「こち吹かば匂ひおこせよ梅の花」には、「東風」を示す「こち」という古語が使われている。この「東風」を「こち」と言うのは、沖縄の「東風平(コチンダ)」という地名にも残っている。『枕草子』の「冬はつとめて・・・」と「朝」を示す語は、首里で「ストゥミティ」という発音で残っている。

また漢字の訓読みにも沖縄に古い読みが残る状況が観られる。例えば「肉」という漢字には、かつて音読みの「ニク」と訓読みの「しし」という両方の読み方があったが、本土では訓読みの「しし」は使われなくなり、今では「肉」という漢字をみれば、「ニク」以外の発音で読むことはない。だが琉球語では「肉」といえば「しし」と言う地域がかなり残っている。

| **標準語** | **古語** | **首里** |
| --- | --- | --- |
| 東風 | こち | こち |
| 朝 | つとめて | すとぅみてぃ |
| 肉 | しし | しし |

そして漢語語彙についても現在では琉球語でしか使用されていない語もある。例えば、「門中」という語は一族を示す語として古典中国語や朝鮮語にも用例がある。日本語にも日本語・ポルトガル辞書『日葡辞書』(一六〇三年 - 一六〇四年)に用例があり、沖縄にも古くは『琉球国由

来記』（一七一三年）にも使われ、現在でも一般に使われている。だが本土の日本語では、この語をすでに使わなくなっている地域も多いようである。

さらに名詞だけでなく、形容詞にも同じ状況が観られる。『徒然草』には「万にきよらを尽くしていみじと思ひ」という一節の「きよら」は「美しい」の意味を表し、これも琉球語の「きよらさん」に由来する「ちゅらさん」という言葉に残っている。琉球語では「きよら」が「きゆら」に変化し、さらに「ちゅら」に変化したのである。

これは後で詳しく述べるが、「きよら」の「よ」が「ゆ」に変化する現象を3母音化、そして「きゆら」の「きゆ」が「ちゅ」になる現象を口蓋化・破擦音化という。

また、「愛おしい」の意味の古語「かなし」も「さん」という首里の形容詞語尾が付いて「かなさん」として残る。こうした沖縄における音声変化と文法現象を考慮すれば、日本語の古語が琉球語に引き継がれていることがわかる。

| **標準語** | **古語** | **首里** |
|---|---|---|
| 大きい | おほし | うふさん（おほさん） |
| 美しい | きよらし | ちゅらさん（きよらさん） |
| 愛おしい | かなし | かなさん |

琉球弧の各地の言葉は確かに古い形を残しているのだが、琉球弧の各言葉はどこも同じという訳ではなく、大きな違いも観られる。

例えばハ行音の発音をみると首里や那覇といった中南部ではすでに[p]音を失い、本土方言と同じ[h]音に変化している。琉球弧の地図と発音を俯瞰（ふかん）してみると、ハ行音に[p]音が残っているのは、奄美大島、沖縄本島北部、宮古島、八重山諸島である。例えば、首里・那覇では「花」は「ハナ」と[h]音で発音するが、奄美大島、沖縄本島北部、宮古島、八重山諸島など首里を取り囲むように「パナ」という[p]音が分布している。

そして語彙においても同じ傾向が観られる。日本語や琉球語において「足」を示す語彙には、主に「アシ」系語彙、「ヒザ」系語彙、「ハギ」系語彙がある。「ハギ」が「足」を示すというのはあまり思い浮かばないかも知れないが、今は「ふくらはぎ」にその名残があり、実は比較的古い語形なのである。そして「足」を「ヒザ」と呼ぶのは、「ハギ」より新しい語形で、「アシ」は「ヒザ」よりさらに新しい言い方である。

琉球弧の語形をみると、奄美、宮古、八重山では「パギ」という語形が残り、首里や那覇など沖縄南部は「ヒザ」という新しい語形が出てきている。つまり「足」の語形を古い順に並べると「ハギ→ヒザ→アシ」の順になる。ここからも、首里や那覇など沖縄中南部は、琉球弧の他の地点に比べて新しい語形を使っているのである。

つまり、琉球語の内部においても同心円状に新旧の発音が分布しているのである。これは首里や那覇が、本土からの新しい発音や語形を受け入れる窓口のような役割を果たしていた可能性を示している。まさに、日本本土の大きな同心円のなかに、さらに小さな同心円が首里や那覇を中心にして琉球弧に広がっているのである。

日本列島と琉球弧の言語的な同心円

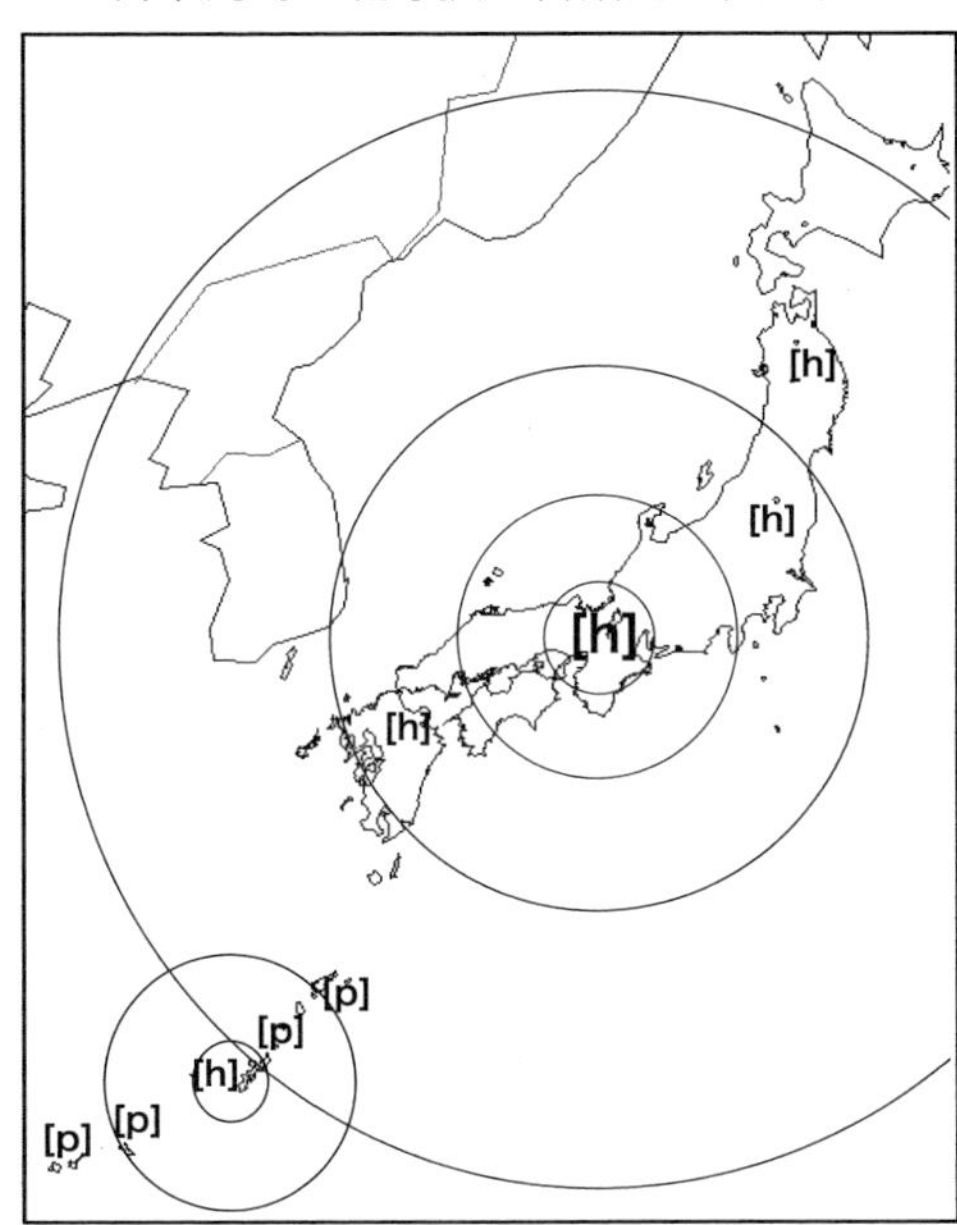


琉球弧におけるハ行音の分布

| | 花　ハ行音 | あし　足 |
|---|---|---|
| 奄美 | パナ [p] | パギ |
| 沖縄南部 | ハナ [h] | ヒザ |
| 宮古 | パナ [p] | パギ |
| 八重山 | パナ [p] | パギ |

# 最古の琉球語資料

比較的まとまった量のある最も古い琉球語の資料は、一五〇一年申叔舟（シンシュクシュウ）『海東諸国紀（かいとうしょこくき）』の中の「語音翻訳」という朝鮮の資料である。これは中国語の短文や単語に対し、琉球語の発音を朝鮮語の表記に使うハングル文字で記している。ハングルはアルファベットと同じ音標文字で、ハングルの一つ一つの要素が発音を表している。よってそこから一五〇一年当時の琉球語の発音や語彙がわかる。では、これに記される琉球語はどんな姿なのだろう。

まず当時の琉球語のハ行音をみてみよう。

現代の首里ではもうパピプペポの音からハヒフヘホになっているが、「語音翻訳」では鼻（はな）は「パナ」、春（はる）は「パル」になり、ハ行音はパピプペポの[p]音を示すハングルで表記されている。しかし、ここで注意が必要である。それは現在、韓国で使われる朝鮮語では[p]音と[f]音を区別していないことである。だからコーヒーは「コピ」と発音されている。よって当時の琉球語が[p]音であったかどうかは、時代が近い中国資料をみて確認しなくてはならない。

琉球語を記した中国資料である陳侃『使琉球録』（一五三五年）ではハ行音が[p]音で示されているところをみると、「語音翻訳」当時の琉球語は[p]音だったと考えられる。

次に「キ」が「チ」になる現象をみよう。

現代の首里方言ではカ行イ段音の「キ」がタ行イ段音の「チ」に合流する。「キバレヨ」が「チバリヨー」と発音されるのはこの現象が反映されたものである。この現象を口蓋化（こうがいか）・破擦音（はさつおん）化という。だが「語音翻訳」ではこの現象が観られない。「秋（あき）」は「アキ」、「今日（きょう）」は「キョオ」とハングルでは示されているので、まだ口蓋化・破擦音化していないと言える。

では母音はどうか。母音とは、例えば、ka、ki、ku、ke、koでは子音のkの部分を除いたa、i、u、e、oの部分を指す。日本語では、短く発音するア・イ・ウ・エ・オを短母音、長く伸ばすアー・イー・ウー・エー・オーを長母音という。現代の標準語では、短母音、長母音とも5つの母音がある。一方、現代の首里・那覇では短母音はア・イ・ウの3母音であり、標準語のオ段音の短母音はウ段音に、エ段音は首里ではイ段音におおむね対応する。だが長母音は標準語と同様にアー・イー・ウー・エー・オーの5母音の体系をなしている。

「語音翻訳」では「胡椒」がkosyu（コシュ）、「口」がkuci（クチ）と記されている。現代の首里では「コ」と「ク」は同じ音になっているが、この資料では「胡椒」はオ段のko（コ）の音を、「口」はウ段のku（ク）の音を示すハングルが用いられているため、当時の琉球語のオ段音とウ段音はまだ同じ音になっていなかったことがわかる。しかし、イ段音とエ段音をみると、イ段音の「キ」を含む「秋」はaki（アキ）と書かれ、エ段音の「ケ」を含む「酒」はsakui（サクイ）と書かれ、「キ」と「ケ」を異なるハングルで書き分けている例もあるが、エ段音の「手」がti（ティ）、「筆」がpudi（プディ）とイ段音で書かれるなど、一部のエ段音がイ段音に変化している例も存在する。

つまり、エ段音は一部の語彙でイ段への変化が始まっていた状態で、全てがイ段になっていたわけではない。よって短母音は5母音とも4母音ともいえる状況である。では果たして母音の数はいくつなのだろうか。これは母音の数え方をどう定義するかによって左右され、全てのエ段音がイ段音になった段階を合流とみなせばまだ5母音であるし、一部のエ段音がイ段音になった段階でそれを合流とみなせば4母音となるのである。後述するが、首里・那覇の母音が現在のような3母音になるのは、一八〇〇年代前後とみられる。

一五〇一年当時の発音を総合すると、それぞれの特徴は首里などよりもむしろ沖縄本島北部や宮古・八重山の体系に近い。現代の首里は古都のイメージが強いが、言葉の上での首里は、他の地域に先駆けていち早く変化した、さらに踏み込んでいえば、かつての特徴を最も早く失って新たな変化を生み出した地域なのである。

標準語と首里・那覇における母音の対応

| **標準語**（5母音） | **首里・那覇**（3母音） |
| --- | --- |
| あ | あ |
| い | い |
| え | |
| う | う |
| お | |

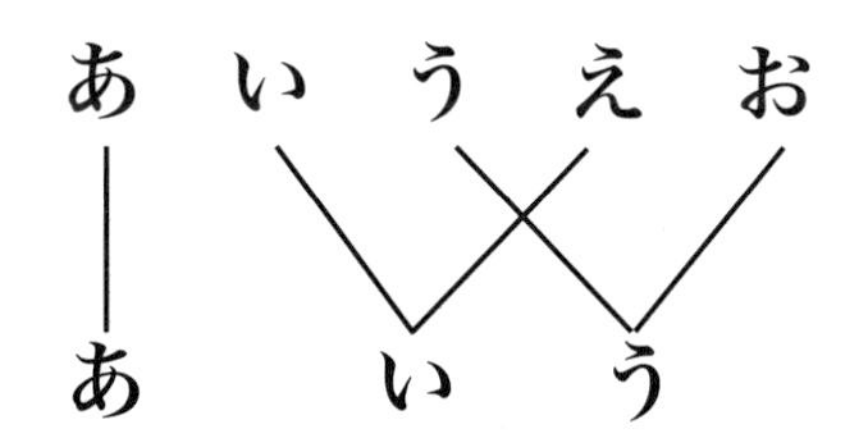


**口蓋化・破擦音化の例**

## き ⇒ ち

きばれよ（気張れよ） ⇒ ちばりよ

きょう（今日） ⇒ ちゅう

きゃん（喜屋武） ⇒ ちゃん

## た ⇒ ちゃ

あした（明日） ⇒ あちゃ

した（下） ⇒ しちゃ

# 琉球語を記した中国資料

琉球語はこれまで様々な言葉や文字で記されてきた。例えば、『おもろさうし』など仮名資料は「ひらがな」で書かれるし、先ほど紹介した「語音翻訳」はハングル、後述するベッテルハイムの辞書やアグノエルの調査報告はローマ字で書かれる。そしてこれらに加え、中国語で書かれた資料も存在する。こうした中国資料は数が多いだけでなく、時代的にも広く分散しているため、我々が琉球語の変遷をたどるとき、非常に有益な情報をもたらしてくれる。その先駆けをなすのが、陳侃（ちんかん）の『使琉球録（しりゅうきゅうろく）』（一五三五年）である。一般的に『使琉球録』など歴代の冊封使の記録には「夷字（いじ）」や「夷語（いご）」とよばれる琉球語に関する語彙集が付けられることが多い。これらは彼らが書き記した現地の言葉に関する記録である。

ここではこの語彙資料について簡単に紹介したい。まず体裁であるが、これらの琉球語の記述方法は時代を問わず、ほぼ共通している。まず中国語の語彙を提示し、それに相当する琉球語の発音を漢字で記している。例えば、「昼」という中国語に「皮禄」という漢字が使われていれば、「ピル」という琉球語の発音が示されていることになる。「皮禄」のように琉球語の発音を示す漢字を「音訳漢字」と呼ぶが、これは発音だけが有用な情報であり、「皮」と「禄」の漢字の意味が考慮されて当てられているわけではない。つまりかつて日本語を漢字で記した「万葉仮名」と同じ方法がとられている。

琉球語を記した中国資料で、琉球語の歴史の転換点を示す資料としてとりわけ重要なのは、徐葆光編『中山伝信録』(一七二一年)、潘相編『琉球入学見聞録』(一七六四年)、李鼎元編『琉球訳』(一八〇〇年)である。『中山伝信録』ではそれまでハ行音が[p]音であったのが、[f]音に変化した様子が確認できる。つまり、十六世紀後半から十八世紀初頭までに「パ・ピ・プ・ペ・ポ」が「ファ・フィ・フ・フェ・フォ」に変化したのである。この結果に照らすと、これと時代の近い『おもろさうし』のハ行音は[p]音であったと推定される。

そして現代の首里・那覇の音声の特徴として挙げられるのは「キ」の「チ」への合流である。「肝(キモ)」を「チム」と発音する現象である。

「語音翻訳」(一五〇一年)当時にはカ行イ段「キ」が、タ行イ段「チ」に変化していなかったことは既に述べたが、中国資料を詳細に検討すると、「キ」が「チ」に変化する現象の発生は、『琉球入学見聞録』と『琉球訳』の間に発生したことがわかる。前者では「キ」と記述されたが、『琉球訳』では「チ」で記述されるようになったのである。

| 標準語 | 首里・那覇 |
| --- | --- |
| き | ち |
| ち | |

| 標準語 | 首里・那覇 |
| --- | --- |
| きばれよ（気張れよ） | ちばりよ |
| きも（肝） | ちむ |
| きいろ（黄色） | ちーる |

例えば『琉球入学見聞録』では、「黄（きいろ）」は「奇魯（キール）」、「酒壷」は「撒吉並（サキビン）」と、カ行イ段音「キ」はいずれも[k]音を示す漢字が使われ、タ行イ段音「チ」の漢字は使われていない。一方『琉球訳』（一八〇〇）は「椿（つばき）」が「即巴直（ツバチ）」、「瀧（たき）」が「答直（タチ）」と表記されるなど、カ行イ段音の「キ」が期待されるところに「チ」音を表す音訳漢字の「直」が使われる。ここから一八〇〇年には「キ」が「チ」に変化していたことがわかる。よって首里で「キ」が「チ」に変化した時期は、十八世紀後半ということが確認できる。

実は「パ」から「ファ」、「キ」から「チ」という琉球語で起こった音声変化がいつごろ発生したのかは、これまで仮名資料やハングル資料、ローマ字資料でもよくわかっていなかった。だが、こうした中国語資料を使うことで比較的明確に特定できるようになったのである。

このように研究結果だけをみると、こうした結論が容易に得られたように感じるかも知れない。だがこのシンプルな結果への道のりはいくつもの障壁があった。

第一の壁は、中国資料では琉球語を漢字で記述していることである。漢字はローマ字や平仮名のように直接発音を示す文字ではない。よって記述に使われる音訳漢字がどういう発音なのかを特定しなくてはならない。この点がこれまでの研究で中国語資料を十分に琉球語史の研究に活用できなかった大きな要因である。音訳漢字がどのような音で読まれたのか特定するには、資料の編纂者の言語的背景や中国語の音韻史や中国語の方言を理解したうえで特定しなくてはならない。

第二の壁は、中国語資料の成立のあいまいさである。冊封使の琉球語資料は、『使琉球録』の付録的な扱いになっている。よって彼らも先人の報告書にならって語彙集を編纂している。よって先人の記述をそのまま書き写した項目と新たに付け加えた項目が混在しているのである。こうした障壁も資料を比較対照することでクリアしなくてはならないのである。

これまで中国資料が豊富に存在しながら、それを琉球語の歴史的解明に十分に活用されてこなかったのはこうした中国資料の扱いの難しさが背景にあったのである。

# 『琉球訳』に記された地名について

琉球語を記した中国語資料に『琉球訳』という本がある。これは琉球に来訪した冊封使節・李鼎元の名前で一八〇〇年に出された漢琉発音字典である。この本は現在二つの写本しか確認されておらず、一つは中国の北京大学図書館、もう一つは台湾の中央研究院に所蔵されている。編纂当初は『球雅』なる書名だったが、のち李鼎元自身が『琉球訳』に改めた。だから『球雅』という名の書物は、事実上この世には存在しない。

この字書は、漢字の琉球語による音読みと訓読みを、漢字を使って表している。内容は音読みを示す「訳音（やくおん）」と訓読みを表す「訳訓（やくくん）」以下の部分に大別される。本書の示す琉球語は発音こそ琉球語の3母音体系を表すが、本土語彙や漢文訓読調（かんぶんくんどく）の読みが多いのが特徴である。漢文訓読は、漢文を訓読で読み下すときの独特の読み方である。『琉球訳』には以下のようなものがある。

云曰日　以瓦古（いわく）

忝曰　喀答日及那石（かたじけなし）
即曰　息那瓦直（すなわち）
敢曰　愛的（あえて）
須曰　席比喀喇古（すべからく）
而曰　石哥石的（しかして）

こうした漢文訓読を通じて本土日本語から琉球語にもたらされた表現も数多く観られるのである。こうした高度な書面語が反映される状況を考えると、編纂の基礎をなす作業をしたのは漢人の李鼎元ではなく、尚循師、尚世徳、尚善栄、毛長芳ら首里四公子をはじめとする首里の士族だったと考えられる。この編纂の経緯については、李鼎元の『使琉球記』のなかにも言及がされている。

この資料の面白いところは、現代の首里方言とほぼ同じ音声体系が反映していることである。つまり現代の首里の祖型はこのころに完成していたことを示している。例えば、琉球語の歴史においては、カ行イ段音「キ」のタ行イ段音「チ」への合流を明確に示す資料と位置づけられるし、オ段音がウ段音へ、エ段音がイ段音へという、いわゆる3母音化がおおむね完成したことを示す資料でもある。

また興味深いのは、一八〇〇年当時の地名の読み方が記されている点であろう。それらを挙げてみる。まず地名を挙げ、地名の発音を示した漢字を提示し、その漢字に相当する発音をカタカナで書いて（ ）でくくる。例えば、日本：亞馬吐（ヤマトゥ）とあれば、「日本」という地名に対し、漢字で「亞馬吐」と発音が記され、（ヤマトゥ）という発音であったことを示す。

新橋：迷八麻（ミバマ）
寒川：送喀（ソンカ）
那覇：那發（ナファ）
久米：骨米（クミ）
喜屋武：講（チャン）
石嶺：一審密（イシンミ）
勢理客：日甲骨（ジッチャク）
喜友名：及容那（チユンナ）
島袋：石麻不骨（シマブク）
平敷屋：許什甲（ヒシチャ）
板良敷：一打喇子及（イタラジチ）

保榮茂：兵(ビン)
中村渠：那感打喀禮(ナカンタカリ)
真境名：麻煞及那(マサキナ)
北谷：甲當(チャタン)
波平：含日阿(ハンジア)
具志頭：骨什及養(グシチャン)
饒波：牛發(ニュファ)

紙幅の都合上、全部は挙げることができないが、これらの音訳漢字によって実現される地名の発音は、首里の人々による発音を示している。そして発音を示すために使用されている音訳漢字は、南京官話(中国語)の発音がもとになっている。南京官話には濁音がないため、琉球語の濁音を表記に反映できないことや、当時は中国語でも「キ」と「チ」の区別が曖昧になっていたこともあり、当時の首里の発音を知るにはそれ相応の限界もある。だがこれらは当時の発音を知る大きなヒントとなる。みなさんもご覧になってはいかがだろうか。

「石嶺」が「イシンミ」、「波平」が「ハンジャ」の発音で記録されていることなど、ボクにはとても面白い。

# 地名における琉球語の変化

ボクのような他県の出身者は沖縄の地名の発音に悩まされる。例えば、せっかく「南風原」を「はえばる」と覚えても、「上原」は「原」を「ばる」と読む類推がきかず、「うえはら」と読まねばならない。だが「南上原」は「はえうえばる」でも「みなみうえはら」でもなく、「みなみうえばる」なのである。このように沖縄の地名は、漢字の読み方になぜか一貫性がなく、漢字の音訓も入り乱れるため、漢字の字面を追うだけでは正しい発音にたどりつけない。

沖縄に難読地名が多い理由は様々だが、その一つに琉球語が独特の音声変化を遂げたことが挙げられる。つまり時代を経るにつれて地名に使われる現代の漢字の発音(つまり日本語系の音訓)と実際の地名の発音が、対応関係を感じられないほどに広がってしまったのである。地名が付けられる目的は、他の地域と区別することである。よって、ある地名の発音が時代によって変化してしまったからといって、地名の漢字を変える訳にはいかない。言葉は世代を超えて変化するため、発音が前の時代と変わったことさえ、普通は気付かない。

漢字の字面や一般的な読み方と、現在発音されている読み方に大きなへだたりがあるものには、以下のようなものがある。

「波平」を「ハンジャ」、「北谷」を「チャタン」、「保栄茂」を「ビン」、「具志頭」を「グシチャン」、「勢理客」を「ジッチャク」、「喜屋武」を「きゃん」、「金武」を「キン」、「平安座」を「ヘンザ」、「平安名」を「ヘンナ」、「西武門」を「ニシンジョウ」、「今帰仁」を「ナキジン」などである。

だがこうした地名も琉球語で発生した音声変化の法則に従って変化した結果であり、歴史的に考察すれば、いずれも根拠のある読み方である。

これらの音声変化を考えるときに、必ず知っておきたい音声変化のパターンがある。それは口蓋化（こうがいか）・破擦音化（はれつおんか）と呼ばれる子音に起こる音声変化と、狭母音化（せまぼいんか）という広い母音が狭い母音に変化する現象である。

口蓋化の代表的なものは、「キ」が「チ」になる現象である。

「キ」[ki]の母音[i]が子音の[k]に影響を及ぼして「チ」[tɕi]という破擦音になるのである。文字で書くと「キ」と「チ」は全く異なる音のようにみえるが、実際に「キ」と「チ」は発音してみると、その違いは、口のなかの舌の位置の微妙な違いでしかない。この変化は実は中国語にもあり、世界の言語ではありがちな変化である。「キバレヨ」が「チバリヨ」になるのも、「肝(きも)」が「チム」になるのも、「北谷」を「チャタン」と読むのも、この口蓋化の結果、軟口蓋音の[k]音が破擦音のch [tɕi] になった変化なのである。

もう一つの代表的な口蓋化が、「あした」が「あちゃ」になる現象である。「アシタashita」[aɕita]の「シ」の母音[i] が、「タ」の発音に影響を及ぼして、「タ」を「チャ」に変化させるのである。

この二つの口蓋化が琉球語に発生することを覚えておけば、一見不自然な地名の発音もこの法則に従っていることに気付く。

例えば、「樋川」が「ヒージャー」になるのも、「ヒーガワ」が「ヒーガー」になり、「ヒ」の母音「イ」が「ガ」に影響を及ぼして「ヒーギャー」になり、やがて「ヒージャー」となる。

こうした音声変化は、首里など沖縄本島中南部に発生した変化で、これが発生していない地域も沖縄本島や石垣、宮古などの地域には多い。

もう一つの狭母音化は、オ段音がウ段音に、エ段音がイ段音になる現象である。

狭母音は、「イ」や「ウ」のように、発音する時、口のなかで舌が高い位置にあるため、口腔のなかが狭い母音を指す。狭母音化とは、「オ」や「エ」など比較的広い母音から、「イ」や「ウ」のような狭い母音に変化する現象をいう。

例えば、標準語の「心」[kokoro]が、首里では「ククル」[kukuru]になり(o→u)、標準語の「雨」(あめ)[ame]が、首里で「アミ」[ami]になる(e→i)という変化がそれにあたる。

琉球語でこうした狭母音化が発生するのは、短い母音だけであり、長い母音にはこの変化は起こっていない。それは「豆腐」が「トゥーフ」にはならずに「トーフ」のままで、「映画」が「エーガ」（人によっては「イエーガ」）のままであることからもわかる。

また「エイ」が「イー」となる現象も、地名に反映することで、地名に大きな音声変化が起きたように見えるのもある。これは二つの異なる母音が連続する連母音「エイ　ei」が一つの母音が伸ばされる長母音「イー」になることから、「連母音の長母音化」ともいう。

次に実際の地名の例を用いて、これらの変化があらわれたものを紹介したい。

# 保栄茂はなぜ「ビン」と読むのか

入試の日。監督者の控え室でのことである。ボクが勤める大学の先生が、別の先生と雑談している話が耳に入ってきた。豊見城市の保栄茂という地名は「ビン」と読むが、漢字と発音が全く合わない、とても不思議な例であるという内容であった。その方は沖縄出身の地理学の先生だったのだが、そうした専門の方であってもこの地名は謎のようであった。そのときはそのお二人の話に割って入ることはしなかったが、ここで琉球語の歴史や資料をもとに、この地名の発音の変遷を跡づけてみたいと思う。

かつて首里の言葉は3母音ではなく、4母音あるいは5母音であった。「アイウエオ」のうち、エ段音の一部がイ段音に合流していたのである。これは『海東諸国紀』「語音翻訳」（一五〇一年）に表れている。この資料には「保栄茂」の地名はないが、当時の発音体系に照らすと、当時のハ行音はかつて[p]音だったので、「ポエモ」だったと推定される。そう、もともとは「ビン」ではなかったのである。

時代がくだって『おもろさうし』では「ほゑむ」（巻八の三九七）と表記されている。この発音表記は複数の解釈が可能である。

当時の仮名は「ぱぴぷぺぽ」の「゜」印にあたる半濁音(はんだくおん)表記が存在せず、たとえハ行音が現実に「パピプペポ」と発音されていても、「はひふへほ」としか表記できなかった。また『おもろさうし』では濁点がしばしば省略される。またア行エ段音の表記は本来ならワ行エ段音に使う「ゑ」を使うため、「ゑ」はア行エ段の「え」を表しているものと考えられる。

よって『おもろさうし』の時代の発音を十七世紀とおおまかに仮定すれば、「ポエム」あるいは「ボエム」という発音になる。

その後、「パピプペポ」の子音である[p]音が弱化して、最終的に「ハヒフヘホ」に変化することと、濁音の「バビブベボ」はそのままであることを考えると、『おもろさうし』の「ほゑむ」という表記は、[p]音の「ポエム」を表しているのではなく、濁音の「ボエム」という発音である。

つまり「語音翻訳」と『おもろさうし』の間に「ポエモ」から「ボエム」に変化した、あるいは「語音翻訳」当時からすでに「ボエモ」で、『おもろさうし』の時代に「ボエム」になったと思われる。

その後、琉球語は母音に変化が起こる。『中山伝信録』や『琉球入学見聞録』など十八世紀の資料で連母音（二つの母音が連続する音）が長母音（伸ばす母音）になる例が観られるのである。したがって十七世紀の「ボエム」[boemu]のなかの、「オエ」[oe]という連母音が「ウイー」[wii]

という長母音になっていたものを考えられる。これは「声」[koe]が「クィー」[kwii]と発音されるのと同じ現象である。よって、当時の発音体系に照らせば、このころには「ブィーム」となっていたと推定される。

一八〇〇年の資料『琉球訳』という中国語資料においては、「保栄茂」が「兵」と書かれている。「兵」を南京官話(中国語)で読むと「ビーン」[ping]になる。中国語の[pin]と[ping]の発音を比較すると、[ping]の方が聴覚の印象では長いため、ここで[pin]にあたる発音の漢字を選んでいないところをみると、当時は「ビン」ではなく、長音の「ビーン」という発音だったと思われる。つまり十八世紀に「ブィーム」から「ビーン」に変化したのだが、ここには「上原」の「ウエ」が「イー」になるのと同じ母音の変化と、末尾の「ム」の母音が脱落して「ン」になる変化があったと思われる。そして、『琉球訳』の時代までに「ビーン」と表記され、その後に「ビーン」の長母音が短母音化して「ビン」になったと考えられる。

琉球語の歴史と、他の語に起こった音声現象に照らすと、「保栄茂」を「ビン」と読むのは、琉球語の変化が反映された結果であることがわかる。「ビン」と久米村の閩(ビン)人三十六姓と関連づける説もあるが、それは現代音のみに着目したことによる誤りであろう。

次ページは音声変化の流れと関連する資料を表にしたものである。

仮説

| 時代 | 発音の変遷 | 変化 | 資料 |
|---|---|---|---|
| 16 世紀 | ポエモ<br>[poemo] | | 「語音翻訳」 |
| | ボエモ<br>[boemo] | 有声音化<br>[p]>[b] | |
| 17 世紀 | ボエム<br>[boemu] | 狭母音化<br>[mo]>[mu] | 『おもろさうし』 |
| 18 世紀 | ブィーム<br>[bwiimu] | 連母音の長母音化<br>[oe]>[wii] | 『中山伝信録』<br>『琉球入学見聞録』 |
| | ビーム<br>[biimu] | 半母音の脱落<br>[wii]>[ii] | |
| 18 世紀末 | ビーン<br>[biin] | u 音の脱落<br>[mu]>[m]>[n] | 『琉球訳』 |
| | ビン<br>[bin] | 長母音の短母音化<br>[ii]>[i] | |

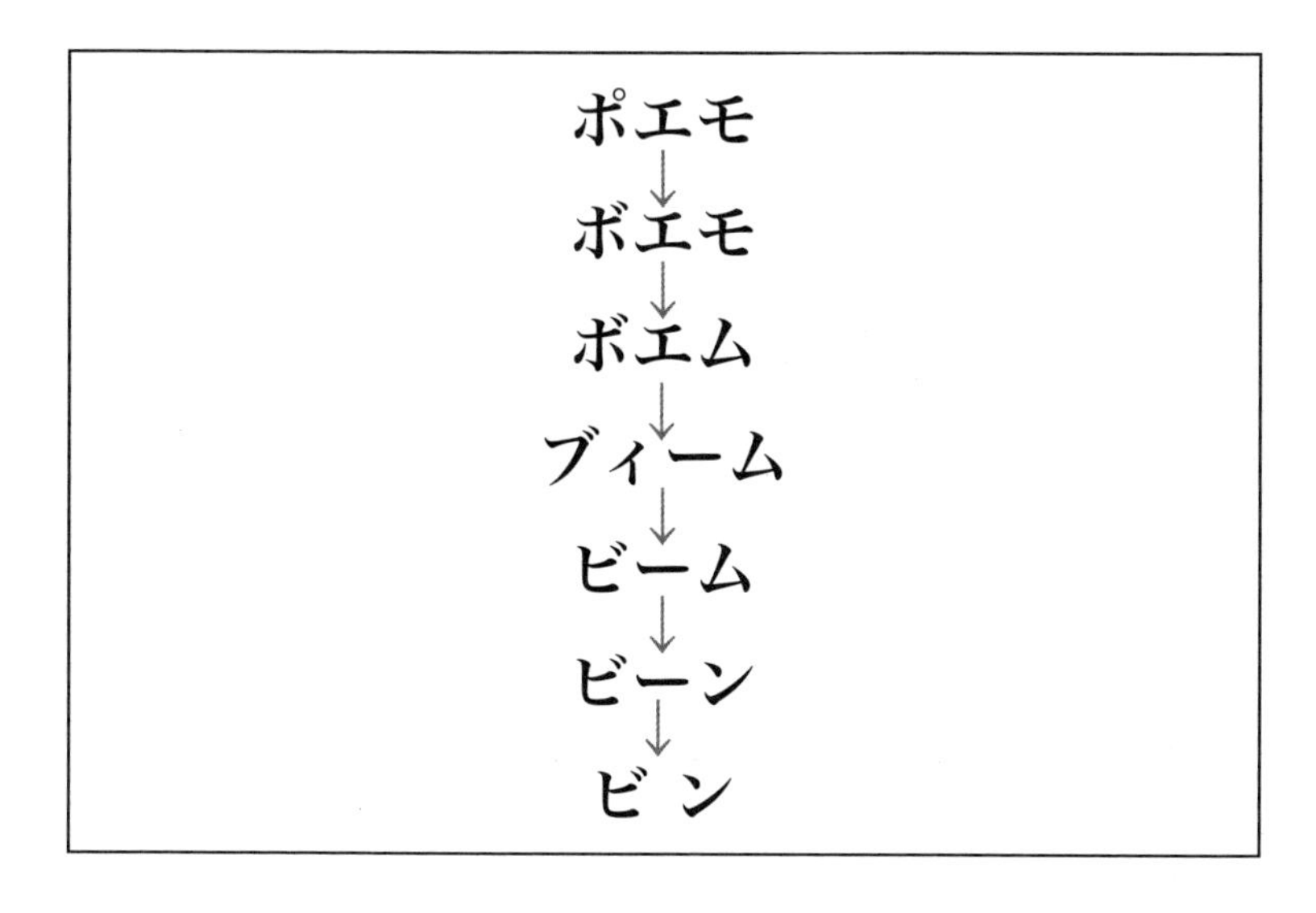

## 北谷はなぜ「チャタン」と読むのか

もう一つ地名の発音を考察しよう。北谷である。これは現在「チャタン」と読まれる。この地名表記は『歴代宝案』（一四四一年）にさかのぼる。ここでは「吉丹坦」と漢字で表記されている。この漢字が中国のどの地域の発音で読まれたかは不明だが、そのまま読むと「キタンタン」となる。

その後、『歴代宝案』の一四九一年には「紀闍丹」と書かれる。「闍」は中国語では破擦音に属するため「キチャタン」という発音を写し取ったと考えられる。つまり、「北」の読み方が「キタ」から「キチャ」に変化するのは、十五世紀の中期あたりからであると考えられる。

実はほぼ同じ時期の「語音翻訳」（一五〇一年）にも、「明日」を「アチャ」という発音で記しており、「キタ」が「キチャ」に変化することと同様の現象が観察される。

この「明日」の「アチャ」は、「アシタ」[aɕita] が変化したものだが、「アシタ」の「タ」[ta] が、前の「シ [ɕi]」の母音「イ [i]」の影響を受けて変化し、「タ」が「チャ」という破擦音になって「アシタ」が「アシチャ」になり、さらに「アチャ」となったのである。この現象を口蓋化あるいは破擦音化というが、これと同じ状況が「キタ」の読音にも発生し、「キタ」が「キチャ」になっていたのである。

『歴代宝案』の一四四一年から一四九一年の表記で共通しているのは、「谷」の発音である。この時点ですでに「谷」を「タニ」ではなく、「タン」と発音していたことがわかる。この「タニ」から「タン」への変化は、母音の脱落現象とよばれ、琉球語では比較的よく観られる現象である。例えば「イノチ(命)」が「イ」の脱落と「ノ」の狭母音化の結果、「ヌチ」になる現象がそれである。「北谷」の場合、「ニ」[ni]の「イ」[i]が脱落して「ン」[n]に変化し、最終的に「タン」という発音になる。「谷茶(タンチャ)」の「谷」が「タン」になるのも同じ現象である。

だが十五世紀の『歴代宝案』より後の時代の言葉を反映するはずの『おもろさうし』(巻十五の一一〇五)では、変化の歴史に逆行するかのように北谷を「きたたん」と記している。つまり、「北」の発音を「キチャ」ではなく「キタ」と発音しているのである。

しかし『おもろさうし』に記されている琉球語が、現実の発音を書き取っているのか、あるいは「類推的仮名遣い」とよばれる当時の規範的な書き方が反映されているのかという点において議論がある。この二つの説は両方ともそれを裏付ける根拠があるため、判断がつきにくいのだが、この「北谷」を「きたたん」と表記するのは復古的な、あるいは類推的・規範的な発音が反映されていることを示すものかも知れない。

その後、十七世紀後半の首里方言で、カ行イ段音がタ行イ段音に合流する口蓋化・破擦音化の現象が起こる。つまり「キ」が「チ」になる現象で、これが確認できる資料が『琉球訳』(一八〇〇年)である。この時期までには「キチャタン」が「チチャタン」と変化していたと推測される。

だが「チチャタン」という発音は「チ」が連続して発音しにくい。よって発音のしにくさを解消するために「チチャ」が「チャ」に変化して「チャタン」になる。この現象を「同音連続の回避」という。この現象は「体育館」を「タイイクカン」ではなく、「タイクカン」と連続する「イイ」を「イ」に縮めて読む現象と同じである。

そして『琉球訳』では北谷を「甲當」と表記し、これを中国語で読むと現在と同じ「チャタン」となることが確認される。このように、北谷を現在「チャタン」と読むのは、琉球語が次第に音声変化を繰り返してきた結果を反映しているのである。

| 時代 | 発音の変遷 | 変化 | 資料 |
|---|---|---|---|
| 15 世紀前半 | キタンタン | | 『歴代宝案』 |
| 15 世紀後半 | キチャタン | 破擦音化<br>[ita]>[itɕa] | 『歴代宝案』 |
| 16 世紀 | キタタン | | 『おもろさうし』 |
| 17 世紀後半 | チチャタン | 破擦音化<br>[ki]>[tɕi] | |
| 18 世紀末 | チャタン | 同音連続回避<br>[tɕitɕi]>[tɕi] | 『琉球訳』 |

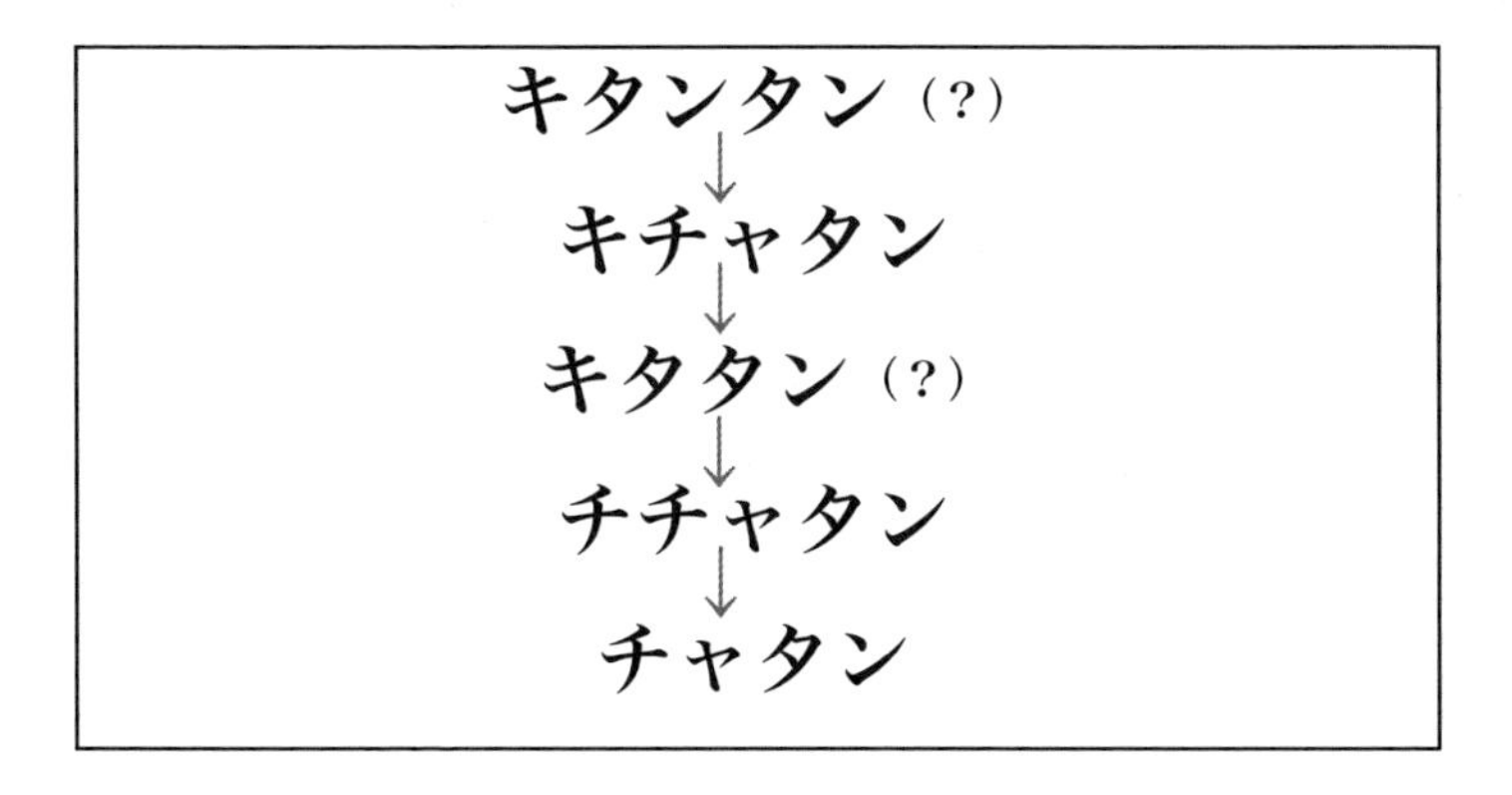

## 波平はなぜ「ハンジャ」と読むのか

「波平」という地名は、どうして「ハンジャ」と読むのか。

この疑問に大きな示唆を与えてくれる一文を紹介したい。狩俣繁久氏の「琉球語と地名研究の可能性」『歴史地名通信』〈月報〉五十号である。ここに地名の「波平」を「ハンジャ」と発音することについて言及されている。それを引用しよう。

「糸満市波平(なみひら)も読谷(よみたん)村波平(なみひら)も方言ではハンジャという。ナミヒラからハンジャへの変化は想定しにくく、「波平(なみひら)」とハンジャは結びつけにくい。しかし、「波平」をハビラと読んだと仮定すると、疑問は氷解する。(中略)波平(ハビラ)のばあい、「ビ」(イ段の母音)は後続する音を破擦音化させる。そしてそのあとで、ビは撥音になるので、ハビラからハンジャとなるのは自然な変化である。」

さらにこれと類似する変化として、「油」を「アンダ」といい、「こむら」(ふくらはぎ)を「クンダ」と読む例が挙げられている。

ではこの点を少し歴史的な文献もからめて説明しよう。

地名「波平」のもともとの読み方は「ハビラ」系の読み方に由来する。『海東諸国紀』「語音翻訳」の音声体系に照らすと、ハ行は[p]音なので「パピラ」あるいは「パビラ」という発音になるが、『絵図郷村帳（えずごうそんちょう）』（一六四九年）では「はびら村」とあり、『おもろさうし』（巻二〇の一三三五・一三三六）では「はひら」と表記されている。当時の仮名表記では半濁音を表記できず、濁点もしばしば省略されるため、十七世紀では「パビラ」か「ファビラ」のいずれかであったと考えられる。

その後、『中山伝信録』（一七二一年）までには首里では[p]音が[ɸ]音に変化していたので、「ファビラ」になっていたと思われる。

この漢語資料には、琉球語の「にんにく」を表す提示語「蒜(フィル)」に対し「非徒」（フィドゥ）という漢字を当てており、この当時に既に「ル」の[r]音が[d]音に変化して「ドゥ」になる現象が観られる。よって「ファビラ」が「ファビダ」という過程を経て、狩俣氏が指摘する破擦音化が発生し、「ファビジャ」になったものと思われる。

ちなみに「油(アブラ)」が「アンダ」になるケースをみると、「油」の語は『混効験集』（一七〇二〜一七一一年）で「アムダ」と記され、『中山伝信録』（一七二一年）では「阿吶打」と書かれる。つまり十八世紀初頭ではすでに「アンダ」の語形が完成していた。このことを考えると、「ファビ

仮説1

| 時代 | 発音の変遷 | 変化 | 資料 |
|---|---|---|---|
| 16世紀初 | パピラ<br>[papira] | | 「語音翻訳」 |
| | パビラ<br>[pabira] | 有声音化<br>[p]>[b] | |
| 17世紀 | ファビラ<br>[ɸabira] | 唇音弱化<br>[p]>[ɸ] | 「絵図郷村帳」 |
| 18世紀初 | ファビダ<br>[ɸabida] | 有声音化<br>[r]>[d] | 『混効験集』<br>『中山伝信録』 |
| | ファビジャ<br>[ɸabidʒa] | 破擦音化<br>[ida]>[idʒa] | |
| | ファンジャ<br>[ɸanda] | 鼻音化<br>[bi]>[m]>[n] | |
| 18世紀末 | ハンジャ<br>[handʒa] | 唇音弱化<br>[ɸ]>[h] | 『琉球訳』 |

仮説2

| 時代 | 発音の変遷 | 変化 | 資料 |
|---|---|---|---|
| 16世紀初 | パビラ<br>[pabira] | | 「語音翻訳」 |
| 17世紀 | ファビラ<br>[ɸabira] | 唇音弱化<br>[p]>[ɸ] | 「絵図郷村帳」 |
| 18世紀初 | ファビダ<br>[ɸabida] | 有声音化<br>[r]>[d] | 『混効験集』<br>『中山伝信録』 |
| | ファビジャ<br>[ɸabidʒa] | 破擦音化<br>[ida]>[idʒa] | |
| | ファンジャ<br>[ɸandʒa] | 鼻音化<br>[bi]>[m]>[n] | |
| 18世紀末 | ハンジャ<br>[handʒa] | 唇音弱化<br>[ɸ]>[h] | 『琉球訳』 |

ジャ」の「ビ」が「ン」に変化して「ファンジャ」となる状況は十八世紀までに完成していたと推測される。

そして『琉球訳』（一八〇〇年）で「波平」が「含日阿」と書かれる。このころまでには音節冒頭の「ファ」が「ハ」に変化し、「ファンジャ」が「ハンジャ」に変化していたものと思われる。よって十八世紀に「波平」の読み方が「ハンジャ」に定まったものと思われる。

前ページの表は変化の過程と資料を記したものである。仮説1と仮説2の違いは、十六世紀初の出発点の発音が異なることである。

仮説1

パピラ
↓
パビラ
↓
ファビラ
↓
ファビダ
↓
ファビジャ
↓
ファンジャ
↓
ハンジャ

仮説2

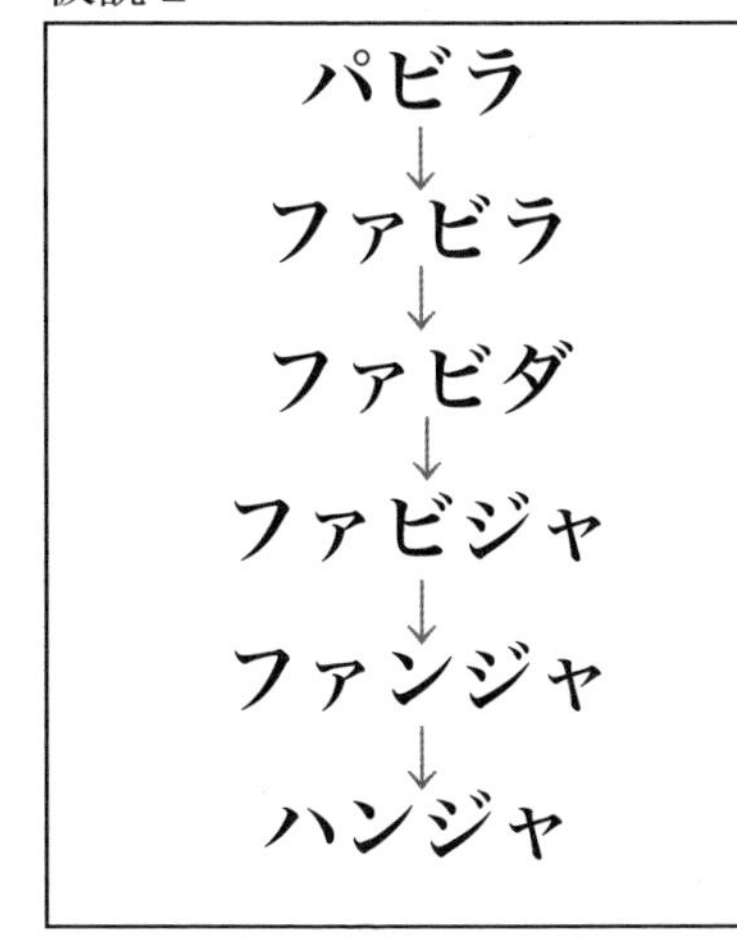

## 具志頭はなぜ「グシチャン」と読むのか

地名の「具志頭」は現在、行政区画としては「グシカミ」と読まれる。明治四十一年(一九〇八)の沖縄県及び島嶼町村制施行によって具志頭村「グシチャンソン」となった後、昭和二十九年(一九五四)、村議会の議決により、読み方を「グシチャン」から「グシカミ」に変更したようである。

では「具志頭」はそもそもどのように読まれていたのか。

『おもろさうし』では「くしかみ」とひらがなで表記されている。『おもろさうし』では、よく濁点が省略されるため、実際の発音は「グシカミ」であったと思われる。この時代に近い『絵図郷村帳』(一六四九年)では、「頭」ではなく「上」を使い、「具志上村」と記している。その後、『琉球国由来記』(一七一三年)には「具志頭」と「頭」になっている。

発音と漢字の対応を考えると、「具志」は「グシ」に対応し、「頭」が「カミ」に対応する。「頭」を「かみ」と読むのは「浅野内匠頭(あさのたくみのかみ)」の「頭」を「カミ」と発音することと同じである。

では「グシカミ」から「グシチャン」への変化はどのようなメカニズムによるのであろうか。「グシカミ」の「カ」の発音は、「シ」[ɕi]の母音「イ」[i]と、「ミ」[mi]の母音「イ」[i]という、二つの狭い母音に挟まれている。このどちらか、あるいは両方の「イ」が「カ」の発音に影響を与え、「カ」が「キャ」になり、「グシカミ」が「グシキャミ」になったと思われる。そして「グシキャミ」の「ミ」の母音「イ」が脱落して「ン」となり、「グシキャン」になったと思われる。そして十七世紀後半に「キャン」が口蓋化・破擦音化しても「チャン」に変化したものと思われる。

「グシカミ」→「グシキャミ」→「グシキャン」→「グシチャン」
[guɕikami] → [guɕikjami] → [guɕikjam] → [guɕityan]

だが冒頭で示したように、一九五四年に具志頭村議会で「グシチャン」という発音が標準語風の発音である「グシカミ」に変更される。このように変更した理由はわからないが、多くの人にとって「具志頭」を「グシチャン」と発音することが難しくなったことも一因ではないかと推測する。だがこうした現地の発音と標準語風の発音が地域ごとに個別に採用されることで、沖縄県下の地名の読み方は混沌とした状況になったのである。

# 地名と漢字の関係

　ではそもそも地名の発音と漢字は、どちらが先に成立したのだろうか。一般論でいえば、言語の基本は音声であり、文字は後で付け加えられる。よって沖縄でも地名の音声が先にあり、それに合わせて漢字が後で付けられたと推測される。

　たとえば「琉球国高究帳（りゅうきゅうこくだかきわめちょう）」（一六三五‐四八年）や、「絵図郷村帳」（一六四九年）などでは「伊野波」の地名を、漢字ではなく、「によは」と仮名で書いている。その他の地名については、場所によって漢字を使ったり、仮名を使ったりしている。こうした仮名表記は、当時の地名の音声を写し取ったものである。こうした例からも、地名は先に漢字が先にあるのではなく、音声が先にあり、それに文字をあてたのだと考えられる。沖縄における文字文化の始まりには不明な点が多いが、地名を文字表記する前からすでに地名は音声として存在していたはずである。

　例えば、「ナカマ」という発音の地名は、「名嘉真」、「仲間」など複数の表記がある。これらは従来から「ナカマ」と口頭で呼ばれていた地域を文書に記すときに当てられた漢字だと思われる。よって当初は、「名嘉真」も「仲間」も、それぞれが「ナカマ」あるいは「ナカイダ」という地名の音声を表記したにすぎず、ここで使われる各漢字は万葉仮名のように音だけを借りて選ばれたと考えられる。「上原」と「宇栄原」、「護得久」と「越来」も同様であり、それぞれの漢字の意味は考慮されていなかったと思われる。そしてときに音読みを使い、ときに訓読みを使い、あるときは漢字一字で、あるときは二字で当てたのだと思われる。例えば「越来（ごえく）」は「越」も「来」も訓読みであるし、「護得久（ごえく）」は「護」は音読み、「得」は訓読み、「久」は音読みである。

「上」、「宇」、「栄」、「原」、「護」、「得」、「久」、「越」、「来」といった地名の表記に用いられる各漢字は、発音だけが重要で、その意味は、さほど重要でない、いわば「当て字」である。つまり、「ごえく」の「く」に「久」を用いても、「来」が選ばれても、それは「久しい」や「来る」といった漢字本来がもつ意味を意識して付けられているわけではない。極端にいえば、「愛羅武勇（アイラブユー）」、「夜露死苦（よろしく）」、「仏恥義理（ぶっちぎり）」、「羅鬼（ラッキー）」といったかつての「ヤンキー当て字」に近い発想である。

琉球弧の各地域における地名が、同じ発音に異なる漢字を用いたり、音読みや訓読みなど様々な由来の発音が使われたりしているのは、こうした事情があったのだと思われる。よって、沖縄の地名に使われる漢字の意味に、過剰なまでの意図を読み取るべきではない。一般的に地名の漢字表記が先にあって、その読みに従ったら地名になった、ということではないからである。

だが些か複雑な由来の地名もある。宮古島の「砂川」はもともと「うるか」と読まれた。宮古方言の「うる」は「すな」の意味で、「か」は「かわ」の意味であるため、「うるか」という音声のみが存在した地名に対し「砂」と「川」の漢字が選ばれ、「砂川」という漢字の地名が生まれた。「砂」にたいする「うる」、「川」にたいする「か」は琉球語訓である。また沖縄本島の地名を例にとるなら、西武門という地名を「ニシンジョウ」と読み、「門」を「じょう」と読むのも、豊見城を「トミグスク」と読み、「城」を「ぐすく」と読むのも、琉球語訓である。

その後この地名の漢字が「ひとりあるき」を始める。「砂川」という漢字を、日本語訓読みで読む「すながわ」が生まれ、漢字の「砂川」から発した「すながわ」という発音が、「うるか」とは別に常用されるようになったのである。

このように地名に漢字が用いられることで、漢字の音読みが、語源を離れて流通してしまうことは、沖縄の地名には数多くある。「かなぐすく」に「金城」の漢字が当てられ、「金城」の日本系音読みの「キンジョウ」と読まれることで、「キンジョウ」が「かなぐすく」より広まってしまう。また「城」を「グスク」と読ませて自らの地名の読み方を方言読みで定める自治体がある一方で、具志頭を「グシチャン」ではなく「グシカミ」のように標準語読みで定める自治体もある。こうして行政的に地名の読み方が独自に決められるという状況もある。こうした複雑な経緯も、沖縄の地名が複数の読み方をもち、ひいては難読化する原因であろう。

# 漢字と琉球語の世界

## 言語における固有の要素と外来の要素

どのような言語も、歴史的な過程において他の言語からの影響を受けている。他の言語からの影響といっても、言語には保守的な側面とそうでない側面がある。言語の音声、文法、語彙のうち、とりわけ外からの影響を受けやすいのは語彙である。現代においても、横文字の外来語が多用されて我々を困惑させるが、語彙は言語の違いの垣根を越えて、容易に借用される。一方でもっとも保守的なのは文法である。

例えば、日本語にはたくさんのフランス語の語彙が入り、使われている。「フィアンセ」、「パフェ」、「アベック」といった単語は日本語で日常的に使われているが、フランス語の文法は全くといっていいほど日本語に影響を与えていない。語彙は借用元の文法を全く知らなくても借用されるほど、「軽い」のである。

それでは音声はどうか。音声もどちらかといえば外来の要素を受けにくい。だが、日本語のパピプペポが主に英語やフランス語に由来する外来語のみに使われるところをみると、文法ほどではないにしろ、多少の影響を受けるといえる。

もう一つ例を挙げよう。琉球語、日本語、朝鮮語の固有語は、ラ行音が語頭に立たないという点で共通している。だが実際にはラ行音は各言語に存在する。「落日(らくじつ)」、「礼儀(れいぎ)」、「瑠璃(るり)」など枚挙に暇がないが、それらはみな中国語由来の漢語である。つまりこれらの漢語の言葉を借用した時に、もともとは固有語には存在しない音声も一緒に借用し、ラ行音を使うようになったのである。だからラ行音が単語の先頭にくる言葉はほぼ全て漢語、あるいは英米からの外来語ということになる。

日本語と中国語は浅からぬ縁がある。日本語は、歴史的に表記に漢字(万葉仮名)を使い、公的文書で漢文なども使っていた。そのなかで多くの語彙を中国語から借用したが、現在の日本語と中国語の文法に大きな違いがあるところをみると、日本語は中国語の文法から大きな影響を受けていない。だが語彙においては大量に借用し、その結果、日本語にはもともとなかった、あるいは極めて少なかったラ行音(ら・り・る・れ・ろ)や濁音(が・ざ・だ・ば…)、拗音(きゃ・きゅ・きょ…)などが日本語に加わった。だからラ行音、濁音、拗音がみられる日本語の語彙は、ほぼ漢語に限られる。

日本語の語彙には、固有語と借用語がある。固有語は従来から日本語で使われてきた和語に相当し、一方の借用語は、漢語や欧米の言語から借りた語彙をさす。これらの区別は、言葉の由来と、ラ行音、濁音、拗音の有無にみられるような固有語と借用語のあいだにある音声的な違いからも裏付けられる。

では、琉球語はどうだろうか。琉球語においても、やはり語彙体系は固有語と借用語に分けられる。そして、琉球語で昔から使ってきた語彙を固有語、外の言葉から借りてきたものを借用語と呼ぶようになる。ここでいう固有語をとりあえず「琉語」と呼ぶことにしよう。

ではこの「琉語」にどのようなものがあるかを具体的に考えた時、問題にぶつかる。それは日本語と琉球語において同じ由来を持つ語を、固有語に分類するのか、借用語にするのかという問題である。例えば、「目(ミー)」は、漢語や外来語からもたらされたものではないので、借用語ではない。だが明らかに日本語の固有語である和語と同源であるため、「目(ミー)」を「琉語」とすればいいのか、日本語からの「借用語」とするのか判別がつかないのである。

もし琉球語における固有語を二つに分けたらどうなるか。つまり日本語の和語と共通する要素のものを「日本系琉語」、日本語の古語にも現代の日本語の標準語や方言にも存在しないものを「琉語」とすれば、とりあえず固有語は何かを定めることが、可能である。

しかし、「琉球語だけにしか存在しない固有語」を特定することは、実は極めて大変な作業が必要になる。それは日本の古語や現代の日本各地の方言にそれが使われておらず、琉球語のみに使われるということを、一つ一つの語彙について調べ上げ、証明しなくてはならないのである。これは「言うは易く、行うは難し」という作業になろう。

例えば、琉球語では「東風」を「コチ」という。これは日本語の古語にも用例がある言葉である。ではこの言葉は琉球語にしか使われていないかといえば、そうではない。九州の小倉では「雨東風」（あめごち）、瀬戸内地方では「朝東風」、三重県志摩半島では「いなだごち」という言葉で「東風」を「こち」とよぶ言葉が残っているのである。こうした状況をみると、「こち」という琉球語は「琉語」に分類していいものか、と思ってしまう。

こうした事情を考えると、言葉における「固有の要素」を探す作業は実に難しく、ある単語が「琉語」である、と断定するのはそう簡単ではない。少なくとも、ボクにはとても難しい作業に思える。

だが固有語の可能性の高いものもある。琉球で作られた民俗語彙や動植物の名称がそれである。例えば、工工四（クンクンシー）、返風（フィンプン）といった琉球で作られた言葉や、魚のガーラといった動植物の名称が挙げられよう。古語や他の方言の用例をみながら琉球語の固有語を探すのもなかなか楽しいが、しまくとぅばが消滅すれば、本来はあったかも知れない固有の要素も見つけられなくなるかもしれない。

# 現代琉球語における漢字の読み方

日本語において漢字で表記される語には、字音語(じおんご)と字訓語(じくんご)の二種類がある。

字音語とは、漢字を音読みする語で、中国語から借用した純漢語と日本でつくられた和製漢語がある。例えば、弥勒（ミロク）、観音（カンノン）、清明（セイメイ）、砂糖（サトウ）、箪笥（タンス）、饅頭（マンジュウ）といったものが純漢語にあたり、火事（カジ）、大根（ダイコン）、自由（ジユー）といった語が和製漢語である。

字訓語とは、漢字表記を採用しながら発音は訓読み、熟字訓、湯桶読み、重箱読みで読むものである。「湯桶読み」と「重箱読み」とは、音読みと訓読みが混合した読み方である。つまり「湯桶読み」は、訓読みの「湯（ゆ）」と音読みの「桶（トウ）」からなり、重箱読みは「重（ジュウ）」という音読みと「箱（はこ）」という訓読みからなる。

川（かわ）、水（みず）は訓読み、向日葵（ひまわり）、紫陽花（あじさい）は熟字訓、相性（あいショウ）、手相（てソウ）は湯桶読み、絵筆（エふで）、仕事（シごと）は重箱読みである。

一方、琉球語のなかの漢字語を読む際、主に四つの読み方がある。(一)日本系音読み、(二)琉球系音読み、(三)日本系訓読み、(四)琉球系訓読みである。

音読みは漢語を中国由来の発音で読む読み方、訓読みは漢語に日本語の意味をかぶせて読む読み方である。例えば「原」を音読みすると「ゲン」、訓読みすると「はら」になる。これが漢字二字以上の単語になったときは、音読みは音読みで統一し、訓読みは訓読みで統一するのが一般的である。つまり「原野」は「原」も「野」も音読みして「ゲンヤ」と読む。「野原」は「野」も「はら」も訓読みして「のはら」と読む。

琉球語ではこうした日本語の音読みと訓読みの二系統に加え、琉球語の音読みと訓読みが加わるのである。「大概(タイガイ)」という日本系音読みは、琉球系音読みでは「テーゲー」になり、「沖縄(おきなわ)」という日本系訓読みは「うちなー」となる。ちなみに「おきなわ」が「うちなー」になるのは、「お」が狭母音化して「う」、「き」が口蓋化・破擦音化して「ち」、「なわ」[nawa]の[w]が脱落して「なー」[naa]となる変化の結果である。

さて、この漢字の琉球語による訓読みには、日本系訓読みが琉球系と対応する例に加え、「城」を「ぐすく」や「ぐしく」、門を「ジョー」(「ジョー」の発音は門に付けられた「鍵」の音読み「ジャウ」に由来する。これを提喩(ていゆ)、またはシネクドキという)と読むように、琉球語の語彙を訓に使う例も少数ながら存在している。

沖縄には難読とされる地名が多いが、その一因は、右のような漢字の読み方の多様性にある。例えば、「新城」には日本系音読みの「シン・ジョウ」、日本系訓読みの「あら・しろ」に加え、琉球語による訓読み「あら・ぐすく(あら・ぐしく)」も存在する。沖縄の主な地名を漢字音の系統に従って整理すると左のようになる。カタカナは音読み、ひらがなは訓読みを示す。

日本系音読みの地名
　首里(シュリ)、那覇(ナハ)、久米(クメ)、金城(キンジョウ)
日本系訓読みの地名
　浦添(うらそえ)、石嶺(いしみね)、沖縄(おきなわ)、越来(ごえく)
琉球系音読みの地名
　首里(スイ)、那覇(ナファ)、仲順(チュンジュン)、久米(クミ)
琉球系訓読みの地名
　新原(みーばる)、東江(あがりえ)、沖縄(うちなー)、南風原(はえばる)

また日本漢字音には「湯桶読み」と「重箱読み」という音読みと訓読みが混合した読み方も存

在する。これらにも琉球系の発音が存在し、これらの読み方を琉球語風にすると「湯桶」は「ゆトゥ」、「重箱」「ジューばく」となる。例えば、首里の「桃原(トウばる)」という地名は、「桃」は「トウ」という琉球系音読み(この場合日本系と一致)、「原」は「ばる」という琉球系訓読みで読まれる。また「糸満(いとマン)」という地名は「糸(いと)」は訓読み、「満(マン)」は音読みで読まれる。

日本系重箱の地名

桃原(トウ・ばる)、喜友納(キ・ユ・な)、謝名(ジャ・な)

琉球系重箱の地名

伊奈武瀬(イ・ナ・ン・せ)、具志頭(グ・シ・ちゃん)

日本系湯桶の地名

小禄(お・ロク)、護得久(ゴ・え・ク)、糸満(いと・マン)

琉球系湯桶の地名

今帰仁(な・キ・ジン)、小禄(う・ルク)、屋慶名(や・ケ・な)

「湯桶」や「重箱」といった読みは、二字の漢字についての読み方である。三文字の地名は、いずれも混合した読み方になろう。「護得久」のような音・訓・音といった組合せや、具志頭のような「音・音・訓」のようなものもある。こうした音訓を組合せた発音は一般名詞にもある。

漢字を音読みするか、訓読みするかという視点で、琉球の地名に選ばれている漢字をみると、地名が統一的な規則ではなく、任意に、当て字的に選ばれていることがわかる。よって地名に使われている漢字に過剰に意味を読み取ったり、ましてや漢字の意味に地名の語源を求めたりすることは、地名にあらぬ誤解を生じさせる可能性が高いと思われる。

## 漢字の発音をめぐる琉球語と日本語のズレ

日本語で「重箱読み」や「湯桶読み」で読まれる語は、中国由来ではなく、日本でできた言葉である。例えば「朝晩」と書いて「あさバン」と読む言葉は、字面では漢字が使われるが、中国語から伝わった言葉ではなく、日本で作られた言葉である。それは発音に訓読み「朝(あさ)」と音読み「晩(バン)」が混じることと、中国語にこの言葉の用例がないことからわかる。これらをいわゆる「和製漢語」という。

こうした和製漢語も日本語から琉球語に大量に流入した。だがこの漢字で書かれてはいるが音読みと訓読みを組み合わせて読む言葉について、琉球語と日本語を比較すると、発音が対応しない例が観られる。例えば日本語では重箱読みするものが、琉球語では漢字がいずれも訓読みになる例がある。こうした例を『沖縄語辞典』からいくつか抜き出してみよう。

日本語の和製漢語「残高」は「ザンだか」と読み「残」は音読み、「高」は訓読みで読む。よって重箱読みである。一方、琉球語の「残高」は「ぬくいだか」と読み、いずれも訓読みする。「ぬくいだか」

という発音は「のこりだか」が琉球語の音声規則で発音されたものである。

逆に、日本語の「台所」は「台」を音読みの「ダイ」、「所」を訓読みの「どころ」で「ダイ・どころ」と重箱読みするが、琉球語の「台所」は「デー・ジュ」といずれも音読みする。ここでも日本語と琉球語の間で、微妙に音読みと訓読みが合わない状況が観られる。

また和製漢語である日本語の「手段」は「シュ・ダン」というぃずれも音読みで読まれる。しかし、琉球語の「手段」は「てぃ・ダン」と読み、「手」は日本語の「て」に対応する「てぃ」という琉球語音の訓読み、「段」は「ダン」という音読み、つまり湯桶読みになっている。

もう一つ、日本語の「炭箱」は「すみ・ばこ」と訓読みをするが、琉球語の「炭箱」は「タン・ばく」と重箱読みをしている。「ばく」は「ばこ」の琉球語風の読み方である。

このように漢字にまつわる琉球語の読み方を、音読み、訓読みという切り口でみると、なかには微妙に日本語とずれる例が観られるのである。

日本で生まれたとされる漢字語において、日本語の発音と琉球語の発音にズレが生じるのはなぜか。一つの可能性としては、日本語から琉球語に借用された後、日本語の発音に音訓の組み替えが生じ、琉球語の発音は変化しなかったことが考えられる。つまり日本語の「残高」はもともと「のこりだか」だったのが「ザンだか」に変化し、琉球語の発音「ぬくぃだか」のままで、結果的に琉球語にかつての古い日本語の発音パターンが残ったのかも知れない。

さらに興味深いのは中国や日本に存在せず、琉球語のみで使う漢字語が存在することである。例えば、琉球語には「香典」を表す「酒代(スデー)」という語彙が『沖縄語辞典』にある。また琉球大学のデータベースには「香酒代(コースデー)」という語もある。「香酒代」という言葉は中国語にはなく、日本語にも用例がない。よって「香酒代」は和製漢語ならぬ、「琉製漢語」と呼ぶべきものかも知れない。

また龍を彫り込んだ柱である「龍柱(リューチュー)」や三線の「手様(てぃーヨー)」も、他のアジア地域に用例がなく、琉球できた漢字語かも知れない。つまり琉球語は日本語や中国語から漢字語を借用したばかりではなく、琉球文化が新たな漢字語を生み出した可能性もあるのである。そうした意味では三線の楽譜として人々が使う「工工四(クンクンシー)」や家屋の中に設置される「返風」(フィンプン)もそれに当たるかも知れない。

だがこのことは十分に証明されていない。この結論を得るためには、「香酒代」や「龍柱」、「手様」といった語が、日本の古語や九州などで残っているかを確認し、この言葉がないことを確かめる必要がある。また、漢字文化を直接受ける窓口になった首里や那覇の言葉と、沖縄本島のそれ以外の地域や離島では、漢語語彙の浸透した度合いが異なることが予想される。だが、漢語語彙の受け入れや使用に関する地域ごとの違いについてはまだ実証的な研究がされていない状況である。

# 琉球漢字音

「漢字文化圏」という概念がある。「中華思想」という言葉と同様に、本場の中国では使われず、主に日本で使われる言葉である。これは漢文を媒体として、中国王朝の国家制度（律令制）や政治思想（儒教）を始めとする文化、価値観を自ら移入し、発展させた地域を指す。これらは現在でいうなら中国、香港、台湾といった今でも中国語を使う地域から、中国語を使わない琉球、日本、韓国、北朝鮮、ヴェトナムも含む。近年は「漢文文化圏」や「漢字圏」、漢字を使わない地域もあることから「漢字音文化圏」という呼称もある。いずれにせよ、これらの地域が伝統的に漢字による書記体系をもっていたという共通点がある。

漢文や漢字と同時に中国から得たものには漢字音があり、これらは各地の言葉に順応した字音の体系として定着している。日本語に入った漢字音の体系を総称して日本漢字音といい、朝鮮語の漢字音を朝鮮漢字音、さらにはヴェトナム語の漢字音をヴェトナム漢字音と呼んでいる。

日本漢字音には、呉音、漢音、唐宋音といった輸入された中国の地域や時代によって異なる層ができている。呉音は、中国の江南地域の発音が、仏典の発音に乗って、朝鮮半島を経由して日本にやってきたものである。その後、遣隋使や遣唐使が中国の長安の音を直接持ち帰り、のちに漢音と呼ばれる。しかし、日本では呉音と漢音は、語彙により棲み分けされることになり、結果的に複数の層ができあがった。「行」を「行列(ギョウレツ)」を読むときは「ギョウ」、「行動(コウドウ)」を読むときは「コウ」、「行燈(アンドン)」を読むときは「アン」と読むように、複数の読み方あるのは、こうした歴史的経緯と日本での漢字音に対する対応が影響している。

ちなみに朝鮮半島でも同様に時代により異なる漢字音の波を被ったが、新しい漢字音がもたらされたとき、従来使っていた漢字音に新しい漢字音をほぼ完全に上書きし、以前の発音は使わなくなってしまった。だから朝鮮漢字音では日本漢字音のような複数の層が見いだしにくい。また、かつては存在した訓読みも、現在では消滅し、全て音読みする。これは朝鮮半島では漢字文化の受容はあくまでも上層の人々の間で行われ、朝鮮土着の文化との融合がなかなか行われなかったからであるといわれる。

現在、琉球語でも日本語と同様に漢語語彙が使われている。それらの漢字音は、日本漢字音の呉音・漢音にほぼ対応するため、日本漢字音の系列に連なるものである。しかし、日本漢字音と琉球で使われる漢字音の音声を比較すると、それぞれが独自の層をなしており、なかには琉球語に入った後に変化したものもある。以下は琉球語の発音である。

「世界（シケー）」　「至極（シグク）」　「大概（テーゲー）」
「一杯（イッペー）」　「風水（フンシ）」　「清明（シーミー）」
「聡明（スーミー）」　「砂糖（サーター）」　「冊封使（サップーシ）」
「秀才（スーチェー）」　「雲菜（ウンチェー）」　「小満芒種（スーマンボースー）」
「棕櫚（スル）」　「相談（ソーラン）」　「騒動（ソーロー）」
「睾丸（クーガ）」　「箪笥（タンシ）」　「冥加（ノーガ）」

呉音・漢音などは、日本を終着点とした呼び名だが、中国から日本に伝播してできた日本漢字音は、さらに琉球まで伝播して新たな漢字音の体系を生み出したと言える。実はこの琉球で使われる漢字音を呼ぶ名称はまだ定まっていないので、ここで「琉球漢字音」と名付けたい。

琉球の漢字音は、かつて琉球漢字音の一系列だけが使われていたと考えられる。これは『中山伝信録』や『琉球入学見聞録』にも琉球語の音声体系の枠内におさまった漢語の発音が記されていることからもうかがえる。

例えば、『琉球入学見聞録』では、「琥珀（こはく）」を「枯花古」と漢字で記し、「クハク」という音読みを表している。この発音は、カ行オ段音の「コ」が、カ行ウ段音の「ク」に変化した状況を反映しており、これは琉球漢字音の発音といえる。

だが、のちに日本語の標準語の普及により、現在では日本漢字音と琉球漢字音の二系列が存在することになった。よって、琉球語表記に漢字を使用した際、本来は琉球漢字音で読むべきものが、日本漢字音で読まれてしまうという難点が生じる。だから多くの琉球語の文章はひらがなを多用することになる。

だがこれはボク個人の印象なのだが、ひらがなだけの文章は、見かけ上、小学生の作文に見えてしまう。もし琉球語の表記に漢字を導入するなら、ルビで琉球漢字音を表記する必要もあろう。

本土日本語の琉球語への影響と語るとき、その議論は琉球語の消滅といった問題に進みがちであるが、漢字の発音が複数化・難読化する要因として標準語の影響が指摘されることは少ないように思われる。そして琉球語における漢字音の複数化・難読化は、琉球語の正書法にも影響をおよぼし、琉球語の表記体系に漢字を導入することへの隠れた障壁になっていることはもっと注目されてよいと思われる。

現代琉球語における漢字の読音体系

| 字音語 | | | | 例 |
|---|---|---|---|---|
| 純漢語 | 日本語音系（日本漢字音） | | 呉音 | 弥勒（ミロク） 観音（カンノン） 精霊（ショウリョウ） 龍（リュウ） |
| | | | 漢音 | 清明（セイメイ） 砂糖（サトウ） 胴体（ドウタイ） 苦労（クロウ） |
| | | | 唐宋音 | 箪笥（タンス） 饅頭（マンジュウ） 様子（ヨウス） |
| | | | 慣用音 | 消耗（ショウモウ） 情緒（ジョウチョ） 輸出（ユシュツ） 漁（りょう） |
| | 琉球語音系（琉球漢字音） | 間接借用 | 呉音 | 弥勒（ミルク） 観音（クヮンヌン） 精霊（ショーリョー） 龍（ドゥー／ルー） |
| | | | 漢音 | 清明（シーミー） 砂糖（サーター） 胴体（ルーテー） 苦労（クヨー） |
| | | | 唐宋音 | 箪笥（タンスィ） 饅頭（マンズー） 様子（ヨースィ） |
| | | | 慣用音 | |
| | | 直接借用 | | 香片（シャンピエン） 竜眼（リンガン） 雲菜（ウンチェー） 涼傘（リャンサン） |
| 和製漢語 | 日本語音系 | | | 火事（カジ） 大根（ダイコン） 人民（ジンミン） 自由（ジユー） |
| | 琉球語音系 | | | 火事（クヮジ） 大根（デークニ） 人民（ジンミン） 自由（ジユー） |
| 琉製漢語 | 琉球語音系 | | | 香酒代（コースデー） 按司（アジ） |

| 字訓語 | | | |
|---|---|---|---|
| 訓読み | 日本語系 | 日本語音系 | 川（かわ）水（みず）瓦（かわら）東（ひがし）<br>油（あぶら）蕎麦（そば）大和（やまと） |
| | | 琉球語音系 | 川（かー） 水（みじ）瓦（かーら）東（ふぃがし）<br>油（あんだ） 蕎麦（すば） 大和（やまとぅ） |
| | 琉球語系 | 日本語系訓 | 城（ぐすく）門（じょー） 東（あがり） 南（はえ）<br>北（にし） 東風（こち） |
| | | 琉球語系訓 | 城（ぐしく） 門（じょー） 東（あがい）<br>南（ふぇー） 北（にし） 東風（くち） |
| 湯桶読み | | 日本語音系 | 相性（あいショウ） 酒瓶（さかビン）<br>手相（てソウ） 荷物（にモツ） 場所（ばしょ） |
| | | 琉球語音系 | 相性（いぇーソー） 酒瓶（さきビン）<br>手相（てぃソー） 荷物（にムツィ） 場所（ばス） |
| 重箱読み | | 日本語音系 | 総高（ソウだか）絵筆（えふで）棺桶（カンおけ）<br>地謡（ジうたい） 仕事（シごと） |
| | | 琉球語音系 | 総高（スーだか） 絵筆（キーふでぃ）<br>棺箱（クヮンばく） 地謡（ジーうてー）<br>仕事（シぐとぅ／シくち） |

（音読みをカタカナ、訓読みをひらがなで記す。）

# 琉球語のなかの漢語

現代日本語の語彙は和語、漢語、そして主に英語やフランス語、ドイツ語に由来する外来語(以下「外来語」)からなる。例えば宿泊施設を言うなら、和語は「やど」、漢語は「旅館」、外来語なら「ホテル」となる。これは単なる言い換えではなく、例えば「旅館」と「ホテル」ではイメージする建物が異なる。

また「思いつき」、「着想」、「アイデア」という和語、漢語、外来語はいずれも似た意味を表す。だが他の単語と結びつくときに一定の制限があり、「単なる思いつき」とは言えても、「単なるアイデア」とは言わない。また「いいアイデア」と言えても、「いい思いつき」では違和感が残る。これでは褒めているのかけなしているのかわからない。つまり和語の「思いつき」は否定的な文脈で用いられ、外来語の「アイデア」は肯定的な場合に使われる。和語、漢語、外来語という三つの語彙グループは、イメージの棲み分けを行っているといえるのである。

一方、漢語は公文書で多用される傾向が観られる。日本国憲法第九条第一項では、「日本国民は、正義と秩序を基調とする国際平和を誠実に希求し、国権の発動たる戦争と、武力による威嚇又は武力の行使は、国際紛争を解決する手段としては、永久にこれを放棄する。」とある。傍線の語は全て漢語で、これらを和語や外来語に置き換えたらどうなるか。文章は冗長になり、文章の格式が損なわれかねない。これほど漢語は日本語に根付き、もはや中国語に由来することすら忘れるほどである。

　こうした日本語のなかの漢語は、中国から輸入された時代と地域によって異なり、大きく呉(ご)音(おん)・漢音(かんおん)・唐宋音(とうそうおん)という層をなす。これらを日本語に導入された時代順に言うと、呉音とは、中国揚子江沿岸地方の音で、朝鮮半島を経由して伝来したものである。主に仏教の経典の読み方などに用いられ、また文物調度品の名前や、ごく古く日本語のなかに入った漢語なども呉音が多い。漢音は中国北方の長安(いまの西安)地方の音で、呉音に次いで伝来したものである。奈良時代以降、朝廷が漢音を「正音」として普及に努め、漢籍や一部の仏書には用いられたが、それ以前から行われていた呉音を排除するには至らず、呉音と漢音は併用されてきた。唐宋音は、宋・元・明・清の中国音を伝えたものの総称である。禅僧や商人などの往来に伴って主に中国江南地方の発音が伝えられた。

　こうして日本の漢字音は、一つの漢字に対して複数の読み方がされることになったのである。その結果、「行」という漢字は、呉音では「ギョウ」、漢音では「コウ」、唐宋音では「アン」という具合に様々な読み方で読まれることになった。こうした状況は、朝鮮半島やベトナムなど漢語を受け入れた地域には見られない特徴である。日本語は音読み一つをとってみても、複数の層が重なっており、外国人の日本語学習者泣かせの状況なのである。

やっかいなのは、こうした漢字の読み方は、どの読み方で読んでも構わない、というものではない。例えば、「老若男女」という漢語は「ロウニャクナンニョ」と呉音で読み、漢音の「ロウジャクダンジョ」と発音すれば誤りとなる。このように漢字の読み方の正誤は、呉音・漢音といった漢字音の層と語彙との組合せによって決まっている。

では琉球語における漢語はどうか。琉球語では大きく分けて中国から日本を経由して琉球に入った漢語と、中国から琉球に直接入った漢語が存在する。

前者の発音は、日本の呉音・漢音・唐宋音と対応する。「トーフ(豆腐)」のように同じものもあるが、「ジンブン(存分)」、「テーゲー（大概)」といった本土の日本語とはやや異なった用法をもつ語もある。だがそれらの音声的な実態をみると中国語より日本語の方が近く、日本経由で琉球語に入った言葉であると推測される。そして琉球語の場合は日本語の複数の層に加え、琉球語独自の発音が加わるため、日本語以上に複雑な層をなしている。外国人にとっては、本場の中国語以上に難しい状況なのである。

後者、つまり中国から琉球語に直接入った漢語は、ときに琉球語の特徴とされるが、その総数はさほど多くない。数だけを比べると、琉球語における漢語の圧倒的多数は日本経由で輸入した漢語である。

同様の話は琉球の風習についても言える。例えば重陽(旧九月九日)に菊酒を飲む習慣は琉球王朝時代にあった。この習慣は中国が発祥であるが、日本の平安時代にもこの習慣が存在する。この習慣が日本経由で琉球に入ったのか、直接中国から来たかは不明である。だが琉球の中国文化の影響といったとき、その資料的根拠や、そのルートに関しても考察せねば、あいまいな知識にとどまってしまうと思われる。

# 中国語から直接借用された漢語1

琉球語には中国語を語源とする言葉、それも中国から直接伝わった漢語が数多くあるといわれる。この説の真偽はひとまずおくとして、これまでその例として挙げられたものの一部を紹介しよう。

香片（サンピン）　筍糸（スンシー）　餑餑（ポーポー）
豚飯（トゥンファン）　湯飯（タンファン）　暖鍋（ヌンクー）
李桃餅（リトービン）　龍眼（リンガン）　光餅（クンペン）
桔餅（キッパン）　金楚糕（チンスコー）　雲菜（ウンチェー）
南瓜（ナングヮー）　金瓜（チングヮー）　闘鶏（タワチ）
冬至（トゥンジー）　爬龍（ハーリー）　雲手（ウンスー）
十三（セーサン）　一百零八（スパリンパー）　平安（ピンアン）

洋銀（ヤンジン）　象棋（チュンジー）　馬掛（マーックヮー）
懐懶（フェーレー）　吃好了（チュファァーラ）

これらは果たして中国から直接琉球方言に入った漢語だろうか。もし、中国から直接もたらされたものなら、それをどのように証明すればいいのか。ここにその条件を紹介しよう。

その条件の一つは、中国の古典であれ、標準語であれ、方言であれ、中国語にその言葉が確かに使われていたことを示す用例があるということである。琉球語のある言葉が中国に起源をもつものならば、中国にもその言葉が確実に存在しているはずである。先に触れた「和製漢語」は、近代になって日本から中国に逆輸入されたものを除き、中国に用例がない。例えば「火事」や「大根」といった漢字で表記されて音読みする語であっても、中国語には用例がないため、これは中国語に由来する言葉ではないことになる。よってこうした例は条件を満たさないことになる。

もう一つの条件は、その発音が、中国語の発音と対応しているということである。しかし、注意すべきは、本土を経由して琉球語に入った漢語もまた中国本土の発音と対応していることだ。つまり、中国の発音よりも、日本語の発音と規則的に対応している場合、日本本土を経由してやってきた語彙である可能性が高い。

例えばシーミー（清明）は元来中国の行事で、現在も形を変えて沖縄で存続している。だが「シーミー」という言葉はどうだろう。三つの発音を並べてみよう。

琉球語　シーミー
日本語　セイメイ
中国語　チンミン(qing ming)

右の発音をみると、琉球語と日本語は似ているが、中国語と琉球語の間には顕著な違いがある。日本語のエ段は首里方言ではイ段に対応するので、「セイメイ」という発音を沖縄風に発音すると、ちょうど「シーミー」となる。中国語の「チンミン」は中国語の標準語（普通話）の発音だが、中国の他の方言でも、また歴史的にさかのぼってもおおよそ同じ発音になっている。よって現在、沖縄で使っている「シーミー」という言葉は、中国語↓本土日本語↓琉球語というルートをたどって琉球語に入ってきたと想定される。つまり「シーミー」という言葉は「本土ルートの漢語語彙」と認定され、中国から琉球語に直接もたらされたものではない。このように言葉と文化現象は、実は直接的に対応するものとは限らないのである。

本文の冒頭に挙げた例のなかで、中国から直接もたらされた可能性の高いものは、香片（サ

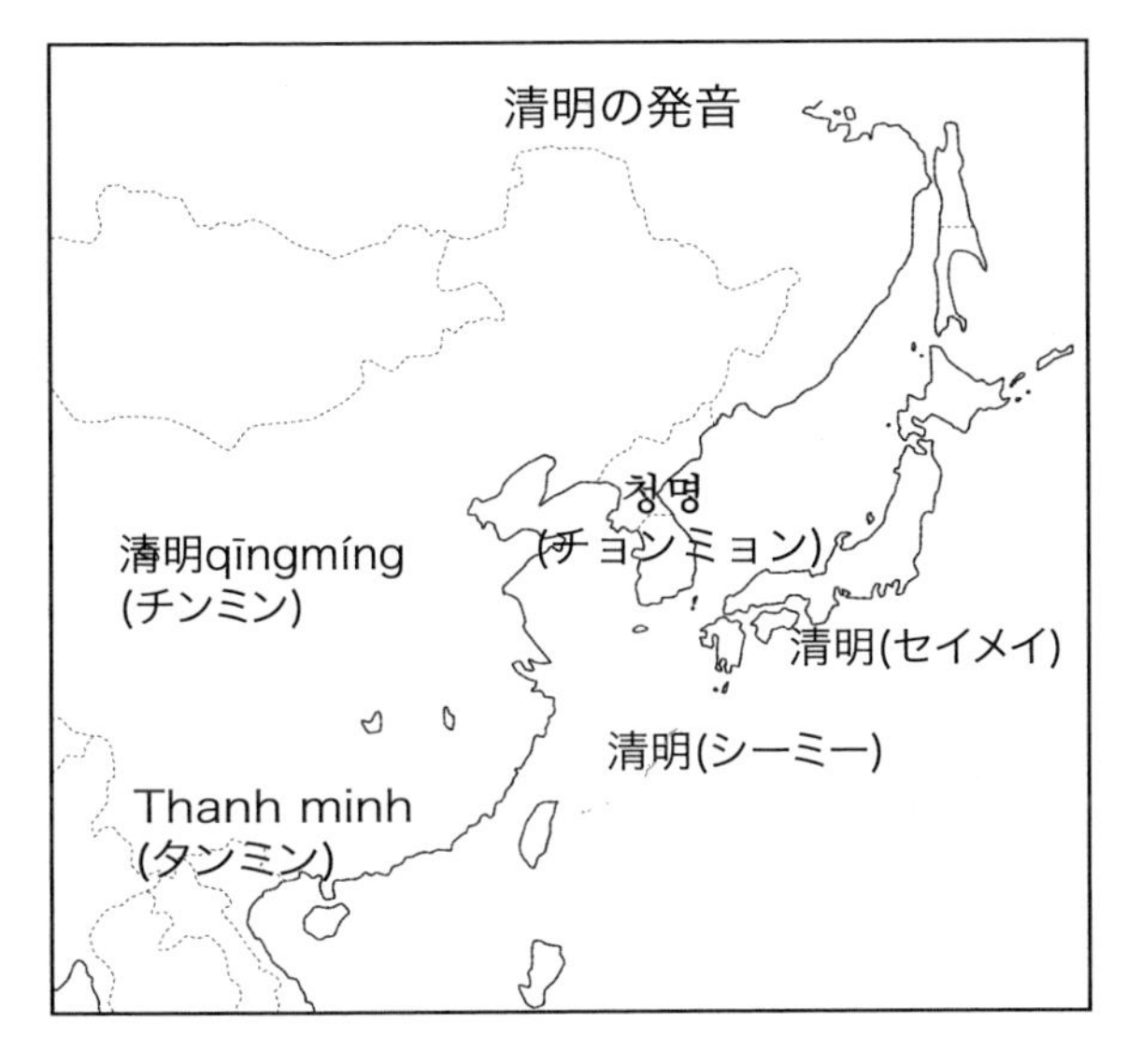
清明の発音
청명
(チョンミョン)
清明qīngmíng
(チンミン)
清明(セイメイ)
清明(シーミー)
Thanh minh
(タンミン)

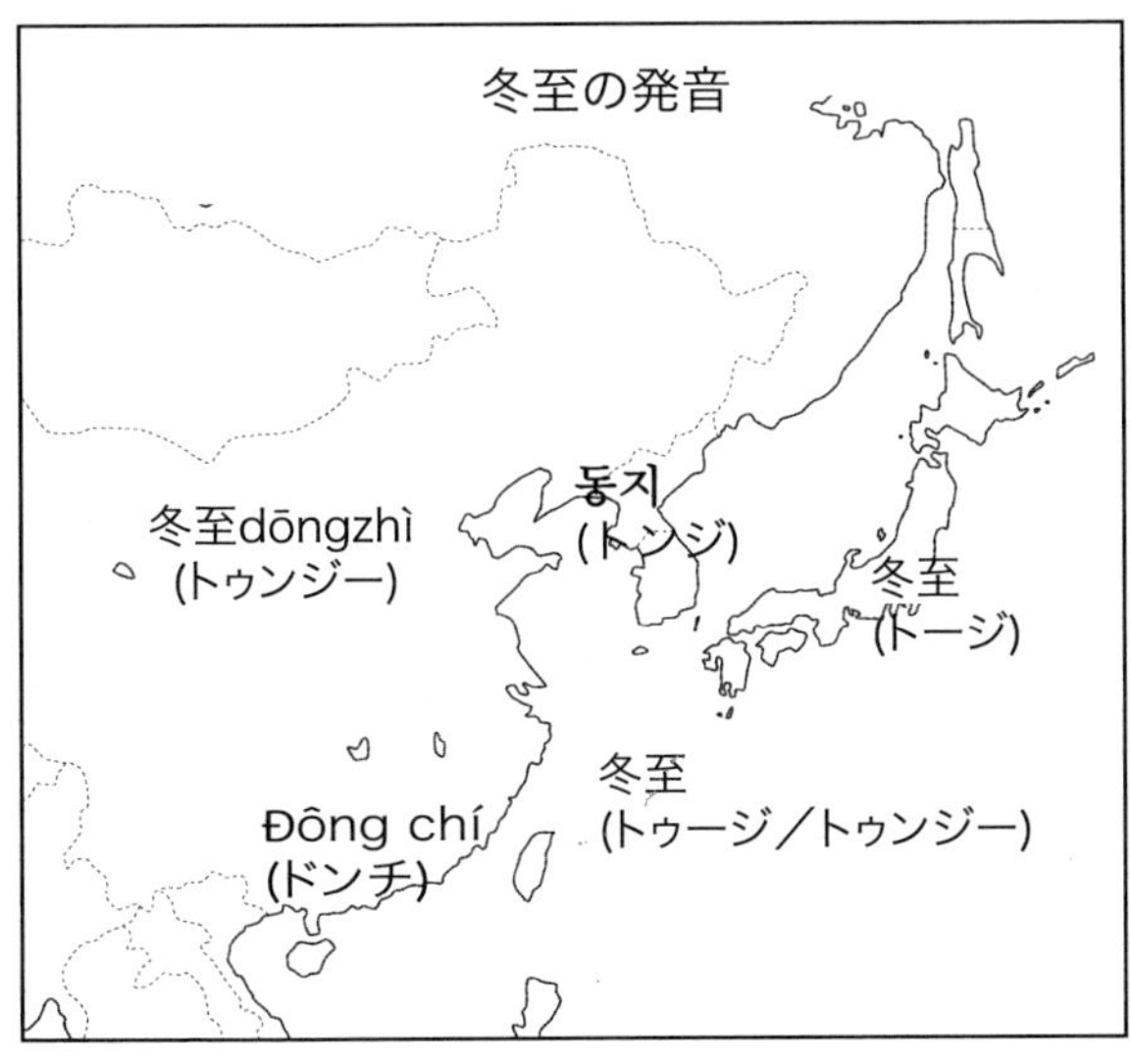
冬至の発音
동지
(トンジ)
冬至dōngzhì
(トゥンジー)
冬至
(トージ)
冬至
(トゥージ／トゥンジー)
Đông chí
(ドンチ)

ンピン）、餑餑（ポーポー）、雲菜（ウンチェー）など食材や料理と、雲手（ウンスー）、一百零八（スパリンパー）など空手用語である。恐らく具体的なモノ（空手用語の場合は「型」）と名称が同時に琉球語に入ってきたのであろう。

ある言語が他の言語の影響を受ける場合、もっとも影響を受けやすいのは語彙である。語彙は言葉の違いを簡単に超えてしまう。それは現代の日本語に英語に由来する外来語が数多くみられることからもわかるであろう。だが音声や文法の影響は相対的に小さく、中国語は音声・文法面ではほとんど琉球語に影響を及ぼしていない。

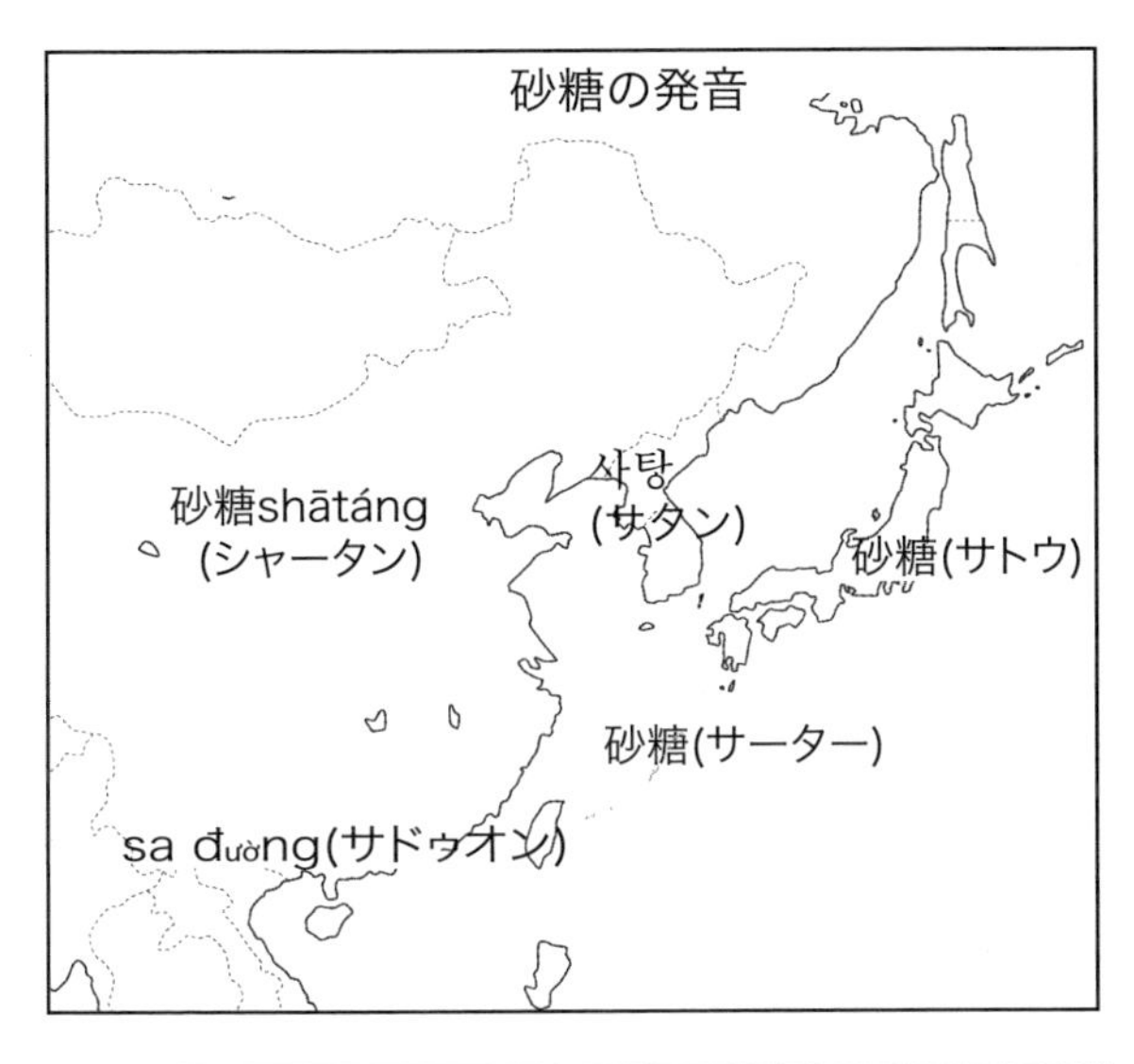
砂糖の発音
사탕
(サタン)
砂糖shātáng
(シャータン)
砂糖(サトウ)
砂糖(サーター)
sa đường(サドゥオン)

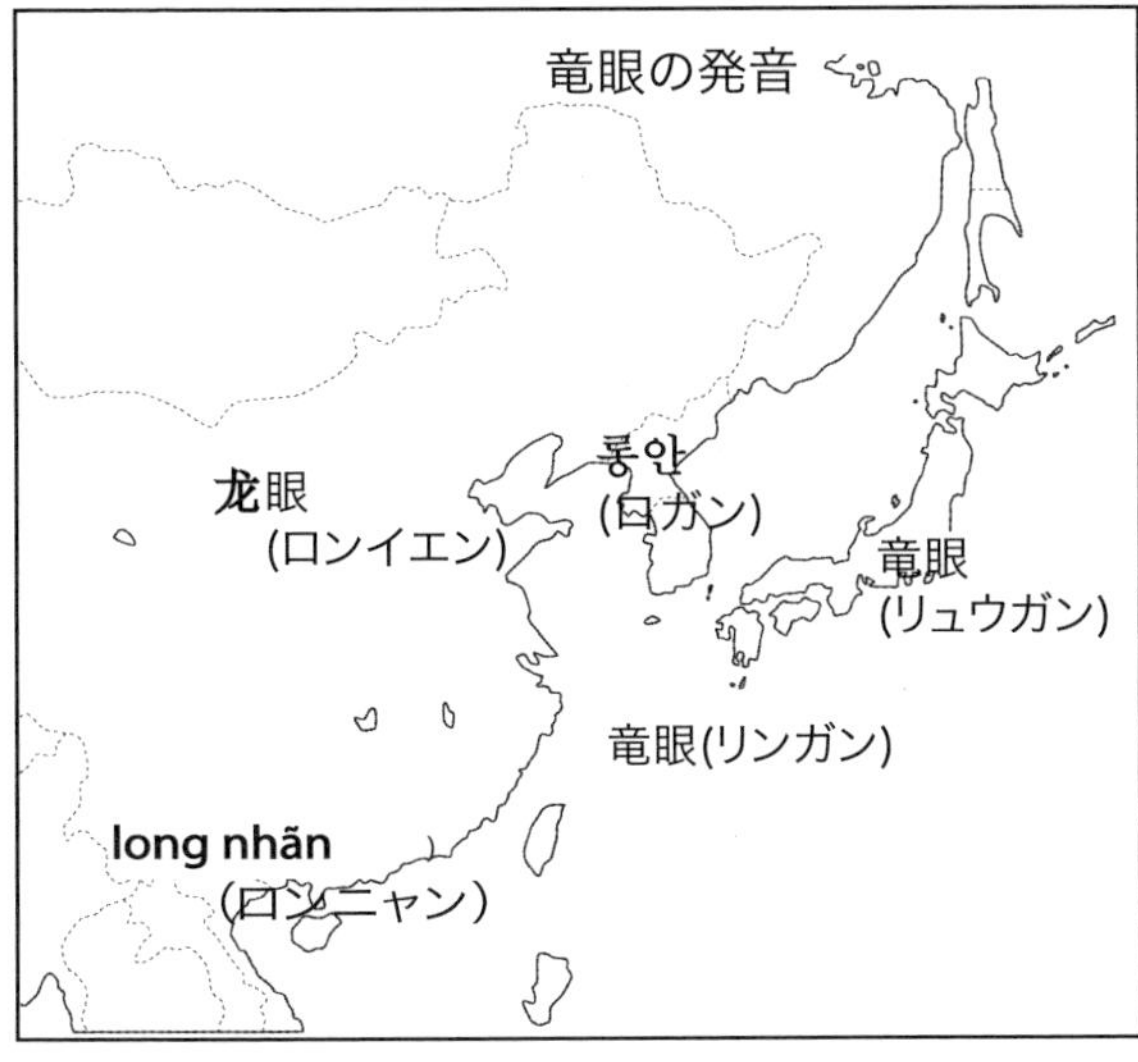
竜眼の発音
롱안
(ロガン)
龙眼
(ロンイエン)
竜眼
(リュウガン)
竜眼(リンガン)
long nhãn
(ロンニャン)

# 中国から直接借用された漢語2

琉球語には中国語から借用された多くの語があるといわれる。ここでいう中国語とは、日本本土を経由して中国からもたらされた漢語ではなく、中国から直接琉球に入った漢語を指している。沖縄の大学の研究者も言うのだから、かつてはそうだろうと漠然と思っていた。そこで、確信を得るためにこの状況について調べてみた。

時に研究は当初の予想を裏切る。先行研究は極めて少なく、そこで挙げられる例を言語学的にみると、直接中国に由来しない例が数多く含まれていた。調べれば調べるほど、否定的な結果が出た。

例えば、「お腹いっぱい食べた」という意味で使われる「チュハーラ(チュファーラ)」は、本家の中国語にそうした表現が存在しない。中国語では、日本語の「いただきます」や「ごちそうさま」といった決まり文句はほとんど使わないのである。「ニーハオ」でさえ、中国人の間ではほとんど使われず、これに相当する古語は存在しない。恐らく「チュハーラ」は「一腹(ひとはら)」の「ひと」が琉球語風になまったものと考えられる。「一回り（ひとまわり）」を「チュマーリ」、「一組（ひとくみ）」を「チュクン」、「沖縄人（おきなわのひと）」を「ウチナーンチュ」という類例が数多く存在する。

「シーミー」は確かに中国に由来する習俗だが、言葉は中国語（チンミン）より日本語（セイメイ）との関連が強い。「セイメイ」という発音を沖縄風の発音にすれば、「シーミー」になるからである。

「ハーリー」も習俗自体は中国起源だが、琉球語の発音に対応する言葉が本家中国語には存在しない。ちなみに徳之島では「ハーレー」と呼び、長崎では「ペーロン」という。実は「ペーロン」方がより「爬竜」の漢字音に対応する。

結論として琉球語に残る中国語はサンピン茶の「香片」など料理や食材に関する語彙に限られる。実際、圧倒的多数はまず本土が中国から受け入れて日本語化した語彙を、改めて琉球語が受け入れたものである。恐らく冒頭の説は、琉球語の3母音化などの変化で琉球語と本土方言との対応がわかりにくくなった結果、語源不明の言葉の由来を、中国語に求めたのだろう。

科学的知識は、正確性が求められる。だが人生により切実な領域と、そうでない分野がある。食材や薬品などの効能は、その副作用なども含めて正確に把握することが求められる。それは健康被害などの問題で時に生活や人生に悪影響を及ぼすこともあるからである。だが言葉の由来といった分野は、日常生活に悪影響を与えないばかりか、それが間違っていたとしても一種の娯楽として消費されることさえある。かつて『人麻呂の暗号』（新潮文庫）なる万葉集を朝鮮語で解読したとされるデタラメな本がベストセラーになったが、それに科学的な反論を加えた本はさっぱり売れなかったらしい。そのことを思えば、ボクのささやかな反論も蟷螂（とうろう）の斧である。それはともかく、当初の考えと研究結果が異なり、それが一般の期待に反する場合、どう振る舞うべきか。研究者としては、結果をありのままに出すことが求められる。批判を恐れ、一般の期待に迎合すれば、ボクが存在する意味はない。されど親切に教えてくださる方に、面と向かって否定するのも気が引ける。

なぜ琉球語に多くの中国語があるという話が広まるのか。沖縄には中国との交流の証を言葉にも求める、また本土の影響より中国からの影響を好意的にみる傾向があるのではないか。もしそうなら、それこそが沖縄の特色だといえる。

## フィンプンは「屏風」なのか

琉球語における漢語のうち、本土の発音と音声的に対応するものは、本土経由の漢語である可能性が高いと述べた。ここでは沖縄の「フィンプン」という語を考えてみよう。「フィンプン」とは門と母屋との間に立てる石の壁のようなものである。今でも昔ながらのお宅を通りかかったときによく見かける。ひとまず「フィンプン」を「屏風」の漢字と仮定して、発音を比較してみると左のようになる。

琉球語　フィンプン [hwin pun]
中国語　ピンフォン [ping feng]
日本語　ビョウブ（漢音読み）

琉球語の発音が「ピンフィン」であれば、すんなり納得できそうだが、状況はそう簡単ではない。琉球語の発音と中国語の発音をよくみて欲しい。[p]音と[ɸ](f)音が琉球語と中国語では逆転しているので、実は対応していない。

では琉球語で、フィン[hwin]の発音をもつ語を『沖縄語辞典』で見てみよう。

返弁　フィンビン　[hwinbin]（返済の意）
返礼　フィンリー　[hwinrii]
返答　フィントー　[hwintoo]

このように「返」を使った語が多くある。

琉球語の「フィンプン」の[pun]の方だが、「風」[hun]の発音が変化したものだと考えれば、「フィンプン」のもともとの漢字は「返風」というものであったのではないかと推測される。これは台風並みの暴風もはね返せるような、あの頑丈な石造りの壁をみれば、風ですぐに飛ばされそうな「屏風」よりもずっとイメージに合う。

そこで「返風」という語が中国で使われているかを調べたが、中国で使われた形跡がない。でも「風」は日本語の音読みで「フー」、中国語では「フォン」[fēng]と発音するから、少なくとも「風」を琉球語で「プン」と読むのは、中国語の反映ではないか、と思われる方も多いと思う。これと似たものに「風水」を「フンシー」と読む現象があり、ここでも「風」は「フン」と発音される。ボクも昔はこれを中国語の直接的な反映だと思った時期もあった。しかし、今は琉球語の内部で起こった変化ではないかと推測している。

つまり、長音が期待される場所に「ン」という撥音になる用例が琉球語に存在するからである。例えば、「風水(フースイ)」が「フンシ」、「冬至(トージ)」が「トゥンジー」、「将棋(ショーギ)」が「チュンジー」、「京太郎(キョータロー)」が「チョンダラー」、「醜童(シュードー)」が「シュンドー」、「工工四(コーコーシ)」が「クンクンシー」、「狂言(キョーゲン)」が「チョーギン」などである。なかには中国語とは全く関係のない「京太郎」、「醜童」、「狂言」といった中国から輸入された可能性が皆無の例も観られる。

そもそも日本語の「屏風」は木材の枠組みに紙を貼った移動可能なものである。これに対し、琉球語の「フィンプン」は頑丈な石づくりの固定されたものである。「フィンプン」は発音も機能も「屏風」には似ているが、少なくとも言葉のうえでは異なる由来のものだと思われる。

# さんぴん茶について

沖縄ではジャスミン茶のことをサンピン茶という。漢字では「香片」があてられる。『沖縄大百科事典 中巻』はこの項目を立て次のように説明している。「本来は台湾で生産される包種茶に茉莉・秀英などの花で着香した茶をいうが、一九七四年(昭和四十九)ごろから緑茶に着香したものをいう。」

大陸の中国語では、単に「花茶」といえば「茉莉花茶」つまりジャスミン茶を指すことが多い。そして「香片」といえば、ジャスミンを中心としたフレーバー・ティー(香りを付けたお茶)一般を指す。では「香片」の発音を比較してみよう。

琉球語　サンピン　あるいはシャンピン
中国語　シャンピェン [xiāng piàn] (方言によってはヒャンピエン)
日本語　コウヘン(漢音読み)

琉球語の発音は、日本語の発音より中国語の発音の方がより近い。ただ、中国語の用例は比較的新しいもので、「香片」の「香」の発音が北方方言で「シャン」になるのは、中国語の歴史からすれば十七世紀頃と比較的新しい変化であるため、琉球語にもたらされたのはそれほど古い時代ではないと思われる。『沖縄大百科事典』では論拠が示されていないので、よくわからないが、冒頭の引用にもあるように台湾の「国語」、つまり大陸の北方方言を基礎とした中国語から琉球語に入ったのかも知れない。もしそうなら、この言葉の導入は二十世紀に入ってからのことになる。

では、琉球は中国と密接な関係があるにもかかわらず、意外にもこうした語彙が少ないのはなぜなのか。

従来、琉球の人々が何かを学ぶ時はまず漢文の学習から始めた。そしてこの漢文の学習には大きく分けて二つの方法があった。一つは中国原音で読む方法である。この方法は、中国人が中国語を話すように中国語の発音で漢文を読むことで、かつては「直読」といわれた。もう一つは訓読である。これは今、中学校や高等学校で学ぶ方法と同じ方法である。

漢文の訓読は、さらに「琉球語の発音による訓読」(合音訓読)と「日本語の発音による訓読」(開音訓読)があった。比嘉春潮は『比嘉春潮全集 第三巻文化・民俗』(沖縄タイムス社)において、廃藩置県以前の沖縄における漢文訓読と直読（音読）の状況を以下のように記している。

「当時のすべての学校（首里・那覇・泊の村学校、平等学校、国学と、久米村の読書学校、明倫堂、宮古・八重山の南北学校）では、漢文はすべて訓読で教えた。しかし、最初の『三字経』と『二十四孝』は沖縄語の発音による訓読で、『小学』から『四書』『五経』は日本語の発音による訓読で、久米村だけは『四書』『五経』までもすべて沖縄語の発音による訓読であった。久米村の読書学校、明倫堂、首里の国学、両先島の南北学校では、将来、漢文の直読、官話の入門として「二字話」「三字話」「四字話」「五字話」を中国語の発音で読めるように教えた。」

さらに、漢語語彙を大量に含む漢字片仮名まじり文は、漢文書き下し体などの和文の公用文、平仮名文に使われた。琉球で作られた文章も、日本語と同様、漢語語彙を使わずに作文することが困難だったに違いなく、そこで本土経由で輸入した大量の漢語語彙が使用されたのである。琉球語における本土経由の漢語語彙の豊富さは、こうした事実から裏付けられる。こと言語に関して言うなら、琉球語は圧倒的に日本本土の言語の影響を受けつつ、独自の変化をしたといえる。

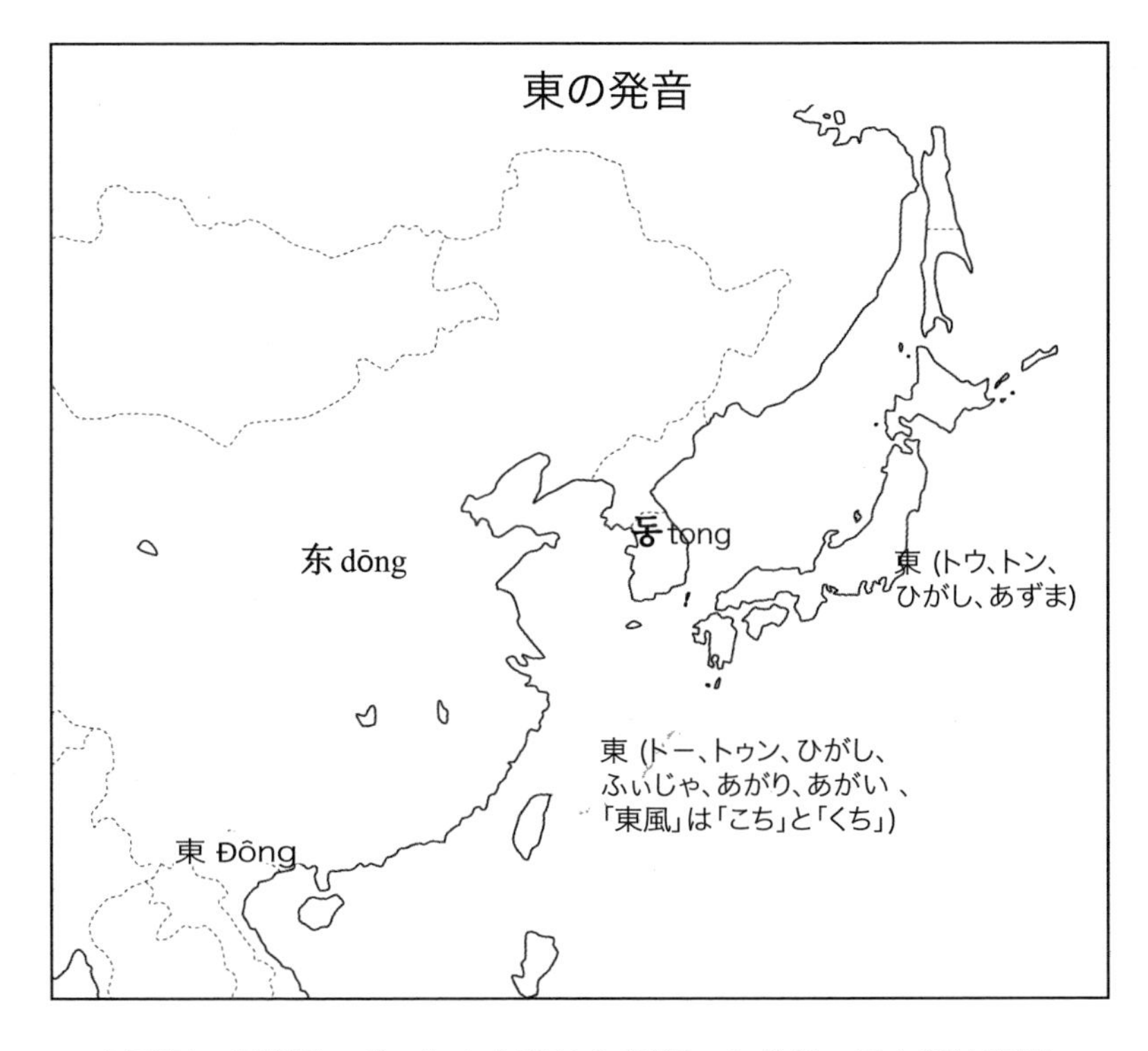


中国語、朝鮮語、ヴェトナム語は 1 種類のみだが、日本語は音読みが 2 種類、訓読みが 2 種類ある。琉球語はさらに多くの読み方がある。

# 外国から観た琉球語

## 琉球における書き言葉

以前、琉球の文章語の歴史を調べたことがある。これは琉球史の専門家なら常識なのだが、琉球で使われていた文書は公的なもの、私的なものを問わず、琉球語で書かれたものはとても少ない。碑文は漢文や和文(日本語の文章語)で書かれ、琉球語では書かれていない。また、琉球王府が発した公的文書である「辞令書」も、候文（そうろうぶん）という和文で書かれている。この辞令書も時代がくだると漢字だけで表記されることになるため、見かけは漢文の一種のようになる。だが、これも読み上げる時は和文と同じように読まれたと思われる。

一方、中国などへの対外文書は、古典中国語たる漢文で書かれる。そして士族のみに許された家の系図である家譜も、一見すると漢字だけがつづられており、さながら漢文のようにみえる。

そうしたなかで、琉球語が反映する歴史的文書として特に重要なのは『おもろさうし』である。だがこれも全てではないものの、一部で和文の文体に近づけて書いたような表記がみられる。これを「類推的仮名遣い」という。だがそれ以外の文書となると断片的な語彙をのぞいては琉球語がほぼ顔をみせない。つまり、琉球の人々が日常話す言葉と、文書に書き付ける言葉には、大きな隔たりがあったと考えられる。

久米村出身者が活躍した一八世紀、琉球では主に候文と漢文が使われていた。例えば、久米村人である蔡温は、漢文と候文の二つの文体を、読者層によって使い分けていた。彼は歴史書や儒教道徳を説いた著作は漢文、琉球の庶民向けの内容や私的な文章は和文で書いていた。特に和文で書かれる『御教条（ごきょうじょう）』は、広く平民にも読み聞かせの徹底をはかり、筆算稽古所という地方役人を育てる教育機関で教科書として使われていた。琉球の庶民にとって書記文体といえば候文、つまり和文であった。つまり琉球の文章語は、和文や漢文の世界が支配してきたといってよい。よってこうした資料の多くは、当時の琉球語の口語を知るための資料としてはあまり有用ではない。

これまでみてきたように、意外にも外国人によって外国語で記された資料には、各時代の琉球語が比較的多く反映されている。ハングル資料の『海東諸国紀』「語音翻訳」（一五〇一年）や『中山伝信録』（一七二一年）、『琉球入学見聞録』（一七六四年）、ベッテルハイムの『英琉辞書』（一八五一年）やフランス人のアグノエルの資料（一九三〇年）がその代表である。だがこれらの外国語資料は外国人の記述であるがゆえの難点もあり、読解には注意と相応の知識が求められる。

琉球の文章語の歴史から現代の沖縄社会をみると、興味深い事実が浮かび上がる。それは文章で書き残された琉球語が歴史上かつてないほど豊富なのである。文学作品の台詞部分や古典音楽の歌詞のルビ、街の看板や方言調査の記録、しまくとぅばによる民話を録音し、それを活字化したものなど、現代はかつてないほど琉球語で物事を記す時代ともいえるのである。

話し言葉の世界では琉球語は危機に瀕している。しかし、書き言葉のなかでは、生き生きとした表現を獲得し、生き延びつつある。それには大きな社会変化が背景にある。かつて文章の書き手は一部の教育を受けられた人に限られており、また紙などもすぐに手に入り、消費できる状況でもなく、記録すべきとされる文書は限られていた。しかし現代は文章の書き手が爆発的に増え、書かれる内容も多様になり、紙などに加えネットなどにも大量に文書が残せるようになったのである。話し言葉が豊富で、書き言葉が少ない歴史的状況から、話し言葉が少なく、書き言葉が増える現代は対照的であるが、言葉の危機を嘆くばかりではない状況が今にはあるのである。それと同時に、今の、そして古い言葉を書き記しておく必要性も感じる。そして、話し言葉の継承は難しくとも、書き言葉を作り、残していくことはある程度可能なのだと思われる。そうすれば楽譜から古い音楽がよみがえるように、言葉が再び音声となって再現されるかも知れない。

## 漢文の素読と琉球王国の共通語

近世の琉球では、読み書きの第一歩は、漢文の素読であった。素読とは師匠が漢文を訓読するのを復唱しながら文を覚える行為である。テキストは『三字経』や『二十四孝』といった儒教の徳目を織り込んだ初学者向けの漢文で、これを復唱して暗記するのである。今ならシャドーイングである。これはボクの属する安富祖流絃声会の工工四を使わない教え方に似ている。師匠の歌三線を、弟子が見よう見まねで修得していくスタイルは、かつての素読に通じる。

では素読で使われる発音は琉球語だったのか、それとも日本語だったのか。『琉球訳』（一八〇〇年）という漢琉発音字典には、漢文訓読の読み方が豊富に記録され、首里の発音が反映されている。つまり語彙は本土系の文語調、発音は琉球系というものであった。その後、琉球では二つの漢文訓読法があったと比嘉春潮や伊波普猷が証言している。一つは琉球語の発音による合音訓読、もう一つは本土風の発音による開音訓読である。『論語』の「有朋自遠方來不亦樂乎」という一節は以下のようになる。

開音訓読「トモアリ、エンポーヨリキタル、マタタノシカラズヤ」
合音訓読「トゥムアリ、ヰンポーユイチタル、マタタヌシカラズヤ」

つまり、合音訓読は琉球語の発音に合わせた訓読である。『琉球訳』の時代は合音訓読であったが、その後、十九世紀に本土系の発音による開音訓読が流入したことになる。

この素読に関し、比嘉春潮(一八八三‐一九七七)は次のように言っている。

「『三字経』までは琉球読みで「サンジチョウ」と読み、『小学』に入ると大和風に開口読みとし、「立教第一＝りっきょうだいいち」と読んだ。これは琉球読みだと「リッチョウデエイチ」である。昔の大和口上などはみなこういう開口よみであったから、私の父はもちろん日本読み漢文も和文も読めたが、普通語のはなし言葉はできなかった。格式ばって「それはいかなることか」という調子ならよくわかった。」

ボクが注目するのは、春潮の父が普通語(日本語の標準語)のはなし言葉はできなかったが、「それはいかなることか」といった、「格式」ばった、つまり漢文訓読調の表現ならよくわかったと証言していることである。つまり、これは本来なら漢文を読むときに使われる漢文訓読の口調が、口語に転用されていた可能性を示している。

廃藩置県以前の沖縄では、首里・那覇・泊の村学校、平等学校、国学と、久米村の読書学校、明倫堂、宮古・八重山の南北学校など全ての学校で漢文を訓読で教えていた。そこでは漢文の素読が行われており、訓読の言い回しを子供達は暗唱して頭にたたき込んでいた。島袋全幸氏の幼少期（一九二〇年頃か）の回想でも、氏の祖父が漢籍を合音訓読で読む光景が描写されている（『昔の那覇と私』若夏社）。そして八重山で使われた漢文教科書に、訓読文の影響を受けた首里方言に近い方言が反映していることを高橋俊三氏が『琉球王国時代の初等教育』（榕樹書林）で論証している。

ボクは近世以来の琉球における和文や漢文訓読を通した漢文訓読的表現が、方言差が大きい琉球王国の共通の言語的基盤を与え、また支えていたのではないかと考えている。つまり書き言葉の学習は、文章語の学習のみならず、「格式ばった話し方」として口語にも役立ったのではないかと思われる。

これに類似した例がある。それは中国である。中国は琉球以上に方言差が大きいが、かつては漢文の書写訓練を受けた科挙合格者が、漢文の文体と語彙を話し言葉に応用することで、雅なスタイルの口頭のコミュニケーションを成り立たせていた。琉球の状況もこれに通じるものだったのではなかろうか。

# 玉音放送の言葉

一九四五年にラジオで流れた昭和天皇による終戦の詔書は、「玉音放送」と言われている。これは昭和天皇が、自らの肉声で太平洋戦争の降伏を宣言したものである。この時の日本人の反応を撮影したとされる映像は、何度もテレビに流れ、戦後生まれのボクでも人々が地面にうつぶせて涙を流している姿をみた。だが佐藤卓己の著書『八月十五日の神話』(ちくま新書)では、「当時の人々は、玉音放送の内容を理解できなかった(後に流されたアナウンサーの解説で理解した)」とある。また井伏鱒二の『黒い雨』(新潮文庫)も、ぼんやりと内容を察して、翌日の新聞でやっと内容が確認できた旨が記されている。そこで改めて玉音放送の原文に当たってみた。以下は冒頭の部分である。

「朕深ク世界ノ大勢ト帝國ノ現状トニ鑑ミ、非常ノ措置ヲ以テ時局ヲ収拾セムト欲シ、茲ニ忠良ナル爾臣民ニ告ク、朕ハ帝國政府ヲシテ米英支蘇四國ニ對シ其ノ共同宣言ヲ受諾スル旨通告セシメタリ…」

正格の漢文訓読調である。しかも漢語語彙が多い。たとえこれが音声として朗読されても、これを理解するのは確かに困難だろう。

ボクが興味を覚えるのは、公的な言葉としての漢文訓読調の「日本語」である。玉音放送は詔書を音読したものである。詔書とは天皇が発する公文書であり、当時としては究極の「公的言葉」である。大日本帝国憲法の文言が漢文訓読調であることを考えれば、こうした文語を口語化した話し方も存在したこともうなづける。おそらく一般の人は内容を理解するのが困難だったかも知れないが、漢文の素養をもち、文語的表現に親しんだ層は、内容を把握できたのではないかと思われる。

ここでボクが想起するのは、琉球王国時代の口頭コミュニケーションの方法である。アグノエルの資料(本書「琉球語を記したフランス語資料」)が示すように一九世紀後半生まれ以前の人々の沖縄本島の言葉は極めて多様で、口頭での意思疎通は難しかったと思われる。一方で文章語の世界は同一性が高く、地域を問わず共通の基盤があったと考えられる。ボクは文語を口語化し、口頭コミュニケーションを行っていたと推測している。少なくとも儀式での発話にはこうした口語もあったとみている。

では、「玉音放送」では、どうして平易な言葉ではなく、敢えて漢文訓読調の文体を選んだのだろうか。これはボクの邪推であるが、平易な言葉を使うことで、天皇の「神格性」を損ないたくなかった、という判断が上層部にはあったのではなかろうか。

# 琉球で中国語を学ぶ

今でこそ東アジア地域では英語が共通語の役割を担っているが、かつて琉球、日本、韓国、中国の共通語は「官話（かんわ）」と呼ばれる中国語であった。また漢文は外交文書における共通の文章語として機能した。それは琉球にやってきた宣教師・ベッテルハイム（中国名：伯徳令）の琉球王府とのやりとりからもうかがえる。

彼は来琉当初、中国語通訳を雇っていたが、その後、口頭では久米村の通訳と官話で話し、文書で王府に要望を伝えるときは、口語に近い漢文（白話文）を用いていた。そして文書の末尾には「英臣伯徳令親筆」と自らしたためている。

来琉前のベッテルハイムは、琉球語はおろか中国語もあまりできなかったようである。だが彼は琉球官話訳の『人中画』という書物で白話文を学んだようだ。この本は中国の白話小説を官話の文体に「翻訳」したテキストである。こうした事情は木津祐子氏の「ベッテルハイムと中国語：琉球における官話使用の一端を探る」（『総合文化研究所紀要』19:23-32 ,2002）に記されている。

ベッテルハイムは琉球語の歴史においても重要な人物である。彼が著した『英琉辞書』により一八五一年当時の首里の言葉が明らかになるからである。これは琉球の言語史の研究者には必読の資料だが、ここにもベッテルハイムと中国語とのつながりがみてとれる。

高橋俊三氏は「ベッテルハイムの『英琉辞書』とモリソンの『華英字典』との比較」（『南島文化』30:67-85 ,2008）において、ベッテルハイムが『英琉辞書』の例文を作成するときに、ロバート・モリソンの中国語・英語辞書である『華英字典』の例文を利用していることを指摘している。よって『英琉辞書』には漢文を訓読したときの言い回し、つまり漢文訓読調の琉球語がそこかしこに記されているのである。

一つ例を挙げてみよう。「私の人生で、好むものはない。ただ書物と花々をたしなむだけである」という陳扶揺（ちんふよう）の『秘伝花鏡（ひでんかきょう）』「序」（一六八八年）の冒頭にある一文である。

『華英字典』漢語：余生無所好　唯嗜書與花。
『英琉辞書』英語：in my whole life I loved nothing but books and flowers
『英琉辞書』琉球語：vaga ishshó kunumu tukurundi iché nerang, tada shumutsitu natudu shtchóru（わがいっしょう　くぬむ　とぅくるんでぃ　いちぇー　ねらん、ただしゅむちとぅ　はな

とぅどぅ しちょーる）

漢語の「所好」は日本語の漢文訓読では「このむところ」となるが、この箇所の琉球語は「くぬむ とぅくるんでぃ」となっており、通常の琉球語の口語とは異なる漢文訓読調の表現になっている。

ベッテルハイムの来琉は、布教と医療活動が目的だった。実際、キリスト教はアジアで医療活動と布教をセットにすることで信者を獲得した。病を治してもらった当時の人がつい入信する姿が目に浮かぶようである。だが琉球では彼の試みは失敗に終わる。だがこれは怪我の功名なのかも知れない。もしベッテルハイムが琉球で医師として腕をふるっていたら、診療に忙殺されてこれほど多くの言語資料を残さなかった可能性もあるのである。ボクはひそかに、彼の八年間は暇を持てあます日々だったのではないかと想像している。

# 新発見の琉球官話資料

現代人は、いつの時代もどこの地域も標準語が存在したと思いがちである。だがそれは現代という色眼鏡でみた歴史像である。多くの人が国内外に出かける現代は人類の歴史では珍しい時代で、かつては標準語を必要とした人も少なかったと思われる。ましてや全ての市民に標準語が求められるのもここ百年のことである。

東アジア地域で、口頭で使われる標準的な中国語は「官話(かんわ)」と呼ばれる。この言葉の初出は朝鮮の『李朝実録』(一四八三年の条)であり、それほど古くからある言葉ではない。中国へのアクセスを求める一部の外国人にとって、会話で使える「官話」を学ぶ意味は大きく、明代や清代には各国の通訳を中心に「官話」が学ばれた。今に残る官話資料のさきがけは、『旧本老乞大』(十四世紀末)という朝鮮の資料である。その後、ヨーロッパ人や日本人、そして琉球人にも「官話」が学ばれ、当時の官話に関する研究は、主に彼らが残した教科書や辞書、翻訳資料をもとに行われている。

だが「官話」も現代の標準語のように音声や文法が標準化され、規範化されたものではなく、地域によって多様性をもっていたと考えられている。また「官話」という言葉も、官僚や役人が話す言葉から遊女や商人など各地を移動する人々の言葉といった意味まで、その言葉の使われ方に大きな幅があった。

琉球王国時代、琉球でも「官話」が学ばれていた。現存する代表的な写本は『白姓官話』と『官話問答便語』の天理本、同書の赤木本、そして『人中画』である。これまで瀬戸口律子氏や木津祐子氏によりこれらが翻刻され、さらに音声や文法に関して詳細な研究がなされている。これらはいずれも南京官話をもとにした五つの声調を示す印が附されている。その一方で、文法面で『白姓官話』系統と『官話問答便語』系統で違いがある。

これらの学術的な意味は両氏の論考に譲るが、このたび新たに官話テキスト『中国語会話文例集』(請求番号：L23.F.6010)が発見され、『関西大学長澤文庫蔵琉球官話課本集』(関西大学出版部)のなかの一部として出版された。本書には解説と関連論文、そして写真と写本の文字を活字化した翻刻が附されている。この資料の価値は、新発見ということだけではない。現存する琉球官話の教科書のなかで最も古い可能性があるのである。その根拠は冒頭の内田慶市氏の論文で論じられている。

旧久米村は、かつて「唐營」と呼ばれていたが、康熙年間以降に「唐榮」と表記されるようになる。この『中国語会話文例集』10a-2に「假如去大明時，你們唐營列位做個筆本的官，…。（仮に明（大明）に行くことになったとき、あなたたち唐營は、文書を記す官吏として列せられることになる）」とあり、「大明」の呼称と併せ、明代にこのテキストが成立したことを示している。そして13a「阮先生今日大老爺駕到天妃宮要看門生講書（阮先生が本日天妃宮にお越しになり弟子の講義をご覧になる）」と「阮先生」の名があることと、『中山世譜』に万暦三十五年（一六〇七）に阮氏が唐榮に移住させられたことを示す記述があることを併せると、この写本の成立は十七世紀前半頃と推定される。

実は中国の口頭言語である官話を書き記した資料は外国人によるものばかりである。中国では福建人や広東人を対象とした教科書がようやく十九世紀あたりから出回るようになる。それ以前の官話資料はあることはあるが、流通量が極めて少ないのである。朝鮮資料、ヨーロッパ資料、琉球資料、日本資料など「官話」資料を総合すると、その分布には中国を中心にドーナツ化現象が観られるのである。

実際、福建省や広東省などの南方人は「官話」が苦手だったようで、雍正帝（一六七八年-一七三五年）などは「官話」ができない彼らを問題視し、「官話」ができない者を任官させない方針を打ち出している。また魯迅（一八八一年-一九三六年）が広東省の中山大学で教鞭を執ったときは、伴侶が通訳をして魯迅の言葉を広東語に訳していた。それほど言語差が大きいのである。

では、漢人、つまり中国人はどうやって「官話」を学んだのか。恐らく中国のかつての公務員試験ともいえる科挙の勉強を通して身につけた文章語をベースに、文章語の言い回しを口語に応用することで方言差が大きい地域同士の者たちがコミュニケーションをとったのだと思われる。

## 琉球語を記したフランス語資料

二十一世紀に入って新たに発見された琉球語の資料がある。それはフランス人民俗学者シャルル・アグノエルが沖縄本島全域を調査したノートである。彼は一九三〇年三月から、約二ヶ月間の滞在で、沖縄における民俗、言語、歴史の調査メモを六冊のノートと手帳に残している。パリのコレージュ・ド・フランスの図書館に収蔵されている。このノートは、フランス社会科学院の教授・パトリック・ベイヴェール氏によって翻刻され、詳細な注釈とともに*Okinawa 1930. Notes ethnographiques de Charles Haguenauer*『沖縄一九三〇 シャルル・アグノエルの民俗ノート』としてまとめられている。

アグノエルが調査・記録した地点は、糸満、久高、那覇、名護、奥、運天、今帰仁、今泊、辺土名、塩屋、天仁屋、東、名嘉真、金武、読谷、伊芸、嘉陽、瀬嵩、首里、伊江島である。琉球列島の言語で、歴史を遡ることが可能な地点は首里、宮古、八重山などの地域のみで、それ以外の地域は文献資料ではほとんど残されておらず、これまで二十世紀前半生まれの人々の言葉と、現代の人々の言葉しか比較できなかった。しかし、首里や那覇以外の最古の言語資料であるアグノエルの調査資料によって、十九世紀後半生まれの人々の言語と現代の言語を比較することが可能となった。これにより、沖縄本島のほぼ全域において、この百年あまりに起きた変化を考察できるようになったのである。実は日本全国の各地域を見回しても、地元の言葉の歴史を百年以上さかのぼることができる地点は、それほど多くはない。琉球諸語が本土の日本語と大きく異なっているがゆえに、かえって多くの研究者の関心を引いた結果と言えよう。

驚いたのは、たった二ヶ月で沖縄本島全域を回って調査したそのバイタリティである。アグノエルは言語調査だけではなく、民俗調査なども行っており、なかにはとても貴重な記録が残されている。

沖縄滞在中は尚泰の四男である尚順から首里で何度も接待を受けており、尚家の書斎なども訪れている。その尚順からは首里の上流階級の言語について教えを受けている。そして、真境名安興（まじきなあんこう）、新垣孫一（あらかきまごいち）、島袋源一郎（しまふくろげんいちろう）など当代一流の学者も調査に随行したり情報を提供したりしている。

また東京滞在中は伊波普猷などとも交流があったと考えられる。彼の略歴や調査環境から、調査者として極めて恵まれた状況にあったと言える。

言語そのものをみると、アグノエル氏の記した十九世紀後半生まれと思われる沖縄本島各地の琉球語と、二十世紀前半生まれの人々の言語には、実はそれほど大きな差はない。アグノエル氏の調査した地点の言語が、現在大きな変化を被っているとすれば、その変化は二十世紀中頃生まれの人々から起こったということになろう。おそらくそれは沖縄の一般の方々の実感とも一致するのではなかろうか。

一五〇一年の「語音翻訳」の時代から現在までの言語変化をみると、十六世紀からアグノエルが記した二十世紀前半生まれの世代までは首里の言葉は徐々に変化してきた。長い年月をかけて確実に変化をしているのだが、その変化はきわめてゆっくりしたものであった。だが二十世紀後半生まれの人々の言葉から、世代交代とともに大きく沖縄の言葉は変化したのである。この二十世紀後半生まれの人々は、メディアで標準語に接し、学校教育で標準語を話すことが日常となった世代である。ちなみにこの世代は方言札は使われていない。

沖縄で起こった言語変化を歴史的にみると、緩やかな変化ではなく、二十世紀になって急激に起こった変化であるという結論をより確実なものにするためには、一九五〇年代以降の若年層の調査も必要となる。そうすれば琉球語が変化する状況をより長期的視点で、詳細に把握することができるかも知れない。

## もう一つのハングル資料

琉球語を書きとめたハングル資料は『海東諸国紀』の「語音翻訳」（一五〇一年）が有名であるが、もう一つ存在している。それは「漂海始末」という資料で、多和田眞一郎氏が『「琉球・呂宋漂海録」の研究』（武蔵野書院）として出版している。

これは朝鮮の文淳徳が奄美や沖縄、フィリピンに漂流した体験を丁若銓が記述したものだが、琉球人の風俗なども漢文で記述されている。例えば「身分の低い者の腕には必ず入れ墨があり、仕事によって模様が異なり、漁師は三本の鉄線状のものをしている。女性の手の甲には入れ墨がある」、「富める者は出かける時には必ず傘をもつ」や「市での物の売買はみな女性がする」、「書を読む時は地面に腹ばいになって読む」、「高貴な者は姓があるが、身分の低い者には姓がない」など実に興味ぶかいが、こうした記述がどれくらい正確かは不明である。

そして末尾に中国語、琉球語、呂宋語を対照した図が掲載されている。まず上に中国語を漢字で記し、その下に琉球語、さらにその下に呂宋語の発音をハングル文字で記している。イロカノ語を記したとされる「呂宋」の言葉はひとまずおくとして、中国語と琉球語の対照を示すと左のようになる。最初に挙げた漢字は中国語で、（ ）内はその日本語訳と現代首里の発音である。次のローマ字はハングルをローマ字転写したもので、その後ろの［ ］内は、そのハングルをカタカナに置き換えたものである。ハングルは濁音を示すことができないが、子音が母音にはさまれた時には、一部の子音（平音）が濁音になる。以下のローマ字転写とカタカナは、現代音でも濁音化する音が当時も濁音化していたという想定で書き記している。

人（ひと／チュ） scjo ［シチョ］
女（おんな／ウナグ） unagui ［ウナグィ］
坐（すわる） mensoori ［メンソーリ］
喫（食べる） usagari ［ウサガリ］
死（しぬ／シムン・シヌン） sinjung ［シニュン］
風（かぜ／カジ） kanzui ［カゼ］
水（みず／ミジ） miczui ［ミズ］
鶏（とり／トゥイ） turi ［トゥリ］
甘蔗（さとうきび／ウージ） ugi ［ウギ］

油(あぶら/アンダ)　anda［アンダ］
船(ふね/フニ)　hunui［フヌゥイ］

「すわる」という意味のところに、「メンソーリ」と書かれている。「メンシェーン」は「いる。来る。行く」の敬語で、「いらっしゃる」に相当するのだが、微妙にずれており、これが正しく書かれているかは分からない。だが現代でよく使われる「めんそーれ」の、かなり早い用例である。

音声に着目すれば、「風」、「水」、「船」、などの語がエ段音が -ɯi と表記されて、イ段音 -i と区別されている。「鶏」が「トゥイ」ではなく、「トリ」となっており、r音も残っている。そして、甘蔗(さとうきび/ウージ)の例にあるように、現代の首里・那覇で口蓋化・破擦音化している「ジ」がカ行イ段音の gi［ギ］のままになっている点も注目に値する。

漂着者の文淳徳が琉球語に接したのは一八〇二年で、これと年代が年代が近いのは李鼎元編『琉球訳』(一八〇〇年)である。またこの資料と同じ時代のものはクリフォードの〝A Vocabulary of the Language spoken at the Great Loo-Choo Island〟(一八一八年)である。

このふたつ資料と比較すると、「漂海始末」の言葉は音声が少し異なる。漂流者は泊村に滞在していたと思われるが、「漂海始末」が表す琉球語は、首里や那覇などの言葉ではなく、別の地域のものである可能性が高いと思われる。

## 『琉英国語』という名の中国語資料

『琉英国語』という資料がある。これは正式な名称を『在琉暎國語慣習録』といい、牧志朝忠(板良敷＝大湾親雲上)が口述し、門弟・園田實徳が筆記したものである。牧志といえば、ペリーが来琉した際に通訳を務めた人物であり、園田は島津斉彬によって琉球に派遣された者である。これについてはつとに大城立裕「『琉英国語』について」(沖縄史料編集所紀要(2)：1-29、一九七七年)に詳細な報告があり、一八五三年から五七年に成立したされる。

この英語教科書の構成は当時の言語状況を知る上でとても興味深い。このテキストではまず中国語の口語表現を記し、そのとなりにカタカナと一部の漢字でその中国語に対応する英語の発音を記している。この英語の由来は、ベッテルハイム(伯徳令)と、モートン(冒耳敦)であり、二人の発音を並べてその違いを示している箇所もある。

英語の発音を表すために時折使われる漢字は、中国語の発音に基づいており、このことからこの英語テキストは中国語ができることを前提とし書かれていることがわかる。例えば、以下のように書かれる。[　]内の英語と(　)のカタカナ表記は原文にはないもので、意味を補ったものである。

ライ的寧
電　[lightening（ライトニング）]

「的」が英語の[te]、「寧」が英語の[ning]の発音を表現している。

琉球では以前から口頭で用いる中国語(官話)が学ばれていたが、薩摩でも琉球ほどではないが中国語が学ばれていた。ただ中国語の呼び方が異なっており、琉球では「官音」と称し、薩摩では「唐話」と呼ばれていた。また薩摩には薩摩藩主・島津重豪が編纂した『南山俗語考』(一八一二年)という中国語の教科書も存在し、やはり中国語が学ばれていたことがうかがえる。また、琉球人の鄭秉衝が、園田仁右衛門(實徳)に一八五四年から4年間官話を教えたことが鄭の家譜に記されていることから、中国語の技能が琉球から薩摩へ伝えられていたことがうかがえる。

大城氏はこのテキストの中国語が北京官話であると述べている。だがこのテキストに使われる中国語は、琉球の官話特有の言い回しが反映されており、北京官話ではない。例えば、以下のような「喜歓(好む)」といった動詞の前に「有」を入れるのもその一つである。

你有喜歡広（ヘビユピレセー）　［Have you pleasure?　あなたは好きですか？］

また、前置詞〝替〟使っていることも、琉球で使われた官話の特徴を表している。これはどちらかといえば北京官話より南京官話に近い表現である。

替我（月ズミ）　［with me（私とともに）］

こうした表現は、琉球における中国語教科書である『官話問答便語』や『人中画』などによく使われるもので、北京官話とは違う表現ではあるものの、大城氏が述べるように間違いとは言い切れない表現である。この発音表記に使われる「月」は、中国語の発音に基づき、with の wi の部分の発音に相当し、「月ズ」という表記で with（ウィズ）の発音を表している。

そして、語彙に目を向けると以下のように、「仏像」を「ジーザス・クライスト」と訳すなど、当時の翻訳の苦心を思わせるものもある。

ギー色ッシカライン

## 佛像 [Jesus Christ（ジーザス・クライスト）]

当時の人はキリスト像か何かをみて、「これは仏像だ」と思ったのだろうか。「ギー色ッカライン」という表記をみると、当時の人々が聴いた発音が生々しくよみがえるようである。

このテキストがその後、どの程度使用されたのか、また現存しない真栄平房昭『英語会話集』(一八一一年)とどう違うのかは分からない部分が多い。だが、中国語をベースにした英語学習の状況をみるにつけ、まるでタイムカプセルを開いたような気分になるのはボクだけではなかろう。

# 琉球語の過去と現在、そして未来

# 方言札は琉球語を消滅させたのか

沖縄の言葉は消滅の危機に瀕していると言われている。この原因に、沖縄内外の方から方言札の影響が挙げられることが多いが、ボクは素朴な疑問を抱いている。

方言札が使われたのは主に一九〇〇年代の前半から一九六〇年代である。この時期は確かに標準語励行運動のただなかにあり、学校教育では方言札が使われていた。だがこの時代に教育を受けた世代の方々からお話をうかがうと、みな標準語も話す一方で、生まれ育った地域の言葉も話している。ボクが抱いた素朴な疑問は、方言札を経験した世代が地域の言葉を話しているという現実である。

地域の言葉をひとまず方言と呼ぶが、方言札が使われたということは、その時期の子供達は確かに方言を話していたことになる。実際、方言札を経験した世代の多くは、その後、標準語と方言の「バイリンガル(二言語話者)」になっている。そして話す相手や状況に応じて、方言と標準語を切り替えているのである。これを社会言語学では「コード・スイッチング」という。例えば、親や友人とは方言で話し、職場では標準語を使う。大勢の人の前では標準語を使って、電話で私的な会話を交わす場合には方言というように、言葉を使い分けるのである。こうした器用なことを無意識に、しかもさして苦もなく行っている。

つまり標準語励行運動によって、方言が標準語に取って代わり、方言が無くなったのではなく、話者が「バイリンガル」化し、方言と標準語を使い分ける現象が生まれたのだと思われる。方言札にまつわるお話には、実に様々なエピソードがある。体罰を伴う恐怖心を抱かせるものがある一方で、方言札がほとんど遊び道具と化していたり、方言札が使われていなかった学校も少数ながら存在している。ただ、基本的に罰札の意味合いをもつ方言札は、それまで感じることのなかった方言使用への羞恥心を植え付けたという意味で、人々の意識を変えたのだと思われる。

方言札が使われた時代は、また急速に沖縄社会が変化した時代でもあった。鉄道の敷設やバス路線の開通、標準語による普通教育の導入、ラジオ放送の開始など人が移動し、地元とは異なる言葉に接する機会が多くなった時期と重なる。そして、公的な場では標準語、私的関係では方言を使うという状況がこの時期に固定化した。方言話者への各種インタビューや方言調査で明らかになっているのは、琉球語を使わなくなるのは、むしろ方言札があまり使われなくなっていた後の世代である。

沖縄以外の地域に視野を広げれば、地域の言葉が消滅する現象は世界各地で起こっている。それは方言札のような罰がなかった地域でも発生している。方言札の琉球語に及ぼした影響を過小評価するつもりはないが、過大評価するのもまた事実を見誤るような気がしている。

# 方言札をめぐる男女差

ボクには姉と弟がいる。子供のころ、言葉遣いにおいて親は姉の方により厳しかったように記憶している。恐らく息子と娘がいる家庭では、娘が乱暴な言葉遣いをした場合の方が、息子よりも厳しく対応されているのではないだろうか。「女の子なのにそんな言葉を使ってはいけません」、と。だが「女の子なのに乱暴な口をきくな」という状況は想像できても、逆に「男の子なのにそんな言葉を使うな」というのは想像しがたい。強いていえば、それは乱暴な口をきいたときではなく、女言葉を使ったときなのだろう。それはともかくとして、言葉遣いにおいては女性の方が丁寧な言葉を使う周囲からの期待が強いものと思われる。

では女の子が丁寧な言葉を期待される、あるいは暗黙に強制される状況は、いつごろからあったのだろうか。例えば近藤健一郎氏の「近代沖縄における方言札(4)沖縄島南部の学校記念誌を資料として」『愛知県立大学文学部論集(児童教育学科編)』(五十号)は方言札にまつわる体験者の思い出話を集めて当時の状況を論じている。ここに引用される数々の証言を読むと、方言札を実際に掛けられた体験をしているのは、ほとんど男の子である。

例えば「方言を使うと罰があり、男はほとんど校長先生にアライ体操で使う棒でよくたたかれた」といった証言は、男子より女子の方が罰せられる機会が少なかったことを物語る。また より直接的に「女の子はめったにかけられなかった」とする証言もある。

やはりどちらかといえば男の子の方が女の子より方言を口にしていたということになる。一般的に男の子の世界では、品行方正な言葉遣いよりも、くだけた表現の方が言葉に感情が乗りやすく、より友人との距離を縮めやすい。また幼少期、青年期における乱暴な言葉遣いは「男らしさ」の象徴でもある。男の子は学校では標準語、下校時は友達と方言で話すという状況もあったが、女の子の方はどうだったのだろう。ひょっとすると標準語を使う動機付けや、方言に対する恥ずかしさの度合いにおいて、男女の差があったのではないかと推測している。

ある年配の方から聞いた話である。同窓会で友達と話す時は、昔ながらの方言で話すのだが、マイクを渡されて全員の前で挨拶するときは標準語を使うという。注意して見ていれば、こうした光景は沖縄では比較的よく観られる。どうしてみんなの前では標準語を使うのかと尋ねたら、そうした場で方言を使うのは、抵抗があるという。これは男子も女子も同じらしい。

標準語励行運動や方言札がもたらしたものは、こうした言語の使い分けの意識であると思われる。方言しか使っていなかったその前の時代は、方言を話すことへの恥の意識は少なかったと思われる。それは組踊や沖縄芝居の台詞（せりふ）が琉球語のみで構成されていることからもうかがえる。だが、方言札の存在によって、不幸にも「丁寧な美しい言葉」の標準語と「粗野で汚い言葉」の方言という言語間の序列意識が植え付けられたのだと思われる。そして標準語という「美しい言葉」への意識はより女性に強く働いたのではなかろうか。

それは、仲宗根政善氏とともに沖縄の各地の言葉を調査したかつての同僚が、方言調査に協力してくれる方、とりわけ女性から「そんな汚い言葉を調べてどうするの？」という旨のことをよく言われたそうである。そうしたせりふは、例外なく、方言調査をした人ならみんな聞いたはずであると証言なさっている。また言葉の「汚さ」を恥ずかしく思う方もおり、調査への協力を拒む方も多いという。それは一九三〇年に沖縄本島全土の方言を調査したアグノエルに方言を教えた話者が、ほとんどノロ、つまり女性であったことを思えば、人々の言葉への意識の違いを感じずにはいられない。

その後、日本復帰運動により、標準語学習への動機がさらに与えられ、標準語の習得が沖縄の人々にとって重要な意味をもったのだと思われる。

# ヒーローにもっと琉球語を

テレビ番組の『琉神マブヤー』といえば、ご存じ悪の軍団マジムンと正義のヒーロー・琉神マブヤーが沖縄の平和をかけて戦う物語である。この物語は沖縄を舞台にしているとあって、登場人物やマブイストーン、必殺技に琉球語が多用されている。例えば「ティーダ・ヤチュー」といった太陽のようなお灸をイメージした必殺技や、「スーパー・メーゴーサー」といったゲンコツ攻撃などネーミングも実に工夫され、子供が琉球語を楽しく覚える機会を提供している。この点はとても好感がもてる。

だがボクは一視聴者というだけでなく、言葉の研究をしているので、ここで気になっていることを述べたい。

日本語に独特の現象として役割語の存在がある。

例えば語尾に「じゃ」を付ければ老人や博士、「あるよ」と来れば中国人の台詞というように、語尾などでキャラクターを示す。しかし、博士であれ、中国人であれ、こんな話し方の人間は現実に存在しない。金水敏『ヴァーチャル日本語　役割語の謎』（岩波書店）には、この役割語研究の成果がわかり易く述べられている。そしてこの研究の成果として、小説やドラマの世界ではヒーローは標準語を話し、学問のない田舎者に方言が与えられることが指摘されている。

実は『琉神マブヤー』もこの傾向に合致する。正義のヒーローであるマブヤーは基本的に標準語、それに対抗する勢力である「悪の軍団」マジムンは琉球語を話す割合が高い。第2シーズン以降この傾向が強くなっている感がある。ある回では、洗脳されてマジムンになった途端、標準語的な語り口から一転し、粗野な琉球語で話し始める女性も登場した。

ヒーローが標準語、悪役が琉球語を話す限り、標準語と琉球語に対するイメージは固定化するばかりか、むしろ強化される。もちろん制作者には、そうした意図はないだろう。恐らく琉球語をなるべく使おうという姿勢から無意識にそうしているであろうし、そもそも標準語を多用しなくては物語が人々に伝わらない。それだけこの状況は根深い。多くの人が公の場面において方言ではなく標準語を選ぶのは、方言と標準語の間にある無意識の序列が背景にあると思われる。

現在、沖縄では琉球語を継承する試みが各地で行われている。しかし、ボクはこの試みはむなしく終わるのではないかと悲観的になっている。

ヒーローに琉球語を、悪役に標準語を。

これくらいの転換がなければ、方言にこびりついたイメージを払拭することは難しい。琉球古典音楽や組踊はすべて琉球語が使われる。恐らく、以前は琉球語だけで物語が成立していた。これらの芸術が深い思想性を琉球語で表現するように、現代の琉球語にも、ヒーローの言葉にふさわしい品格があるとボクは信じたい。

また、こうした首里や那覇の言葉が使われた子供向け人気番組によって、宮古島や石垣島の子供たちは地元の言葉より先に首里・那覇の言葉になじんでしまうことが起こりうる。その結果、学ぶべき言葉として、学校教育における標準語、英語、メディアのウチナーグチのあとに地元の島の言葉が位置づけられることになりかねない。言葉の継承問題には実に複雑で多くのハードルがあると感じる次第である。

## 歴史ドラマと琉球語

かつてNHKで『琉球の風』という大河ドラマを放映していた。陳舜臣原作の琉球を舞台にした歴史物語である。期待は絶望の母、なのだろうか。沖縄での評判は芳しくなかったようで、同番組の歴史考証を担当していた高良倉吉氏のもとには様々な批判が寄せられたという。その内容と同氏の反論は『「沖縄」批判序説』(ひるぎ社)に譲るが、その一つにドラマで琉球語が使われていないことに対する批判もあった。ちなみにドラマの開始は一九九三年である。沖縄での批判を受けてのことかは不明だが、翌年に沖縄では琉球語吹き替えで同ドラマが再放送されている。

随分前に、池上永一氏の小説『テンペスト』(角川書店)が話題になった。二〇〇八年出版のこの歴史小説がベストセラーとなり、面白いという肯定的な評価がある一方で、否定的な意見もあった。琉球史研究者である西里喜行氏が「『テンペスト』考：小説と史実の間」(『南島文化』(34)：121-147)という論文で、歴史事実の歪曲、歴史順序の転倒、文書の偽造、本物らしさの演出などの問題を指摘している。小説やドラマをご覧になった方は是非この論文も併せて読むことをおすすめする。その後、やはりＮＨＫで『テンペスト』がドラマ化され、さらには『劇場版テンペスト３Ｄ』として映画化もされたが、小説同様、ボクは強い違和感を覚えた。

だが『テンペスト』に対する沖縄の方の反応には『琉球の風』とは大きく異なる点がある。それは『テンペスト』も琉球語が使われていなかったにもかかわらず、それに対する批判がなかったことである。少なくともボクは寡聞にしてそういう批判は知らない。その背景には、主人公をつとめた女優さんが沖縄出身で、その世代はすでに琉球語を流暢に話す世代ではなく、そのことを年配者も十分に理解していたということもあるかも知れない。また全編琉球語の台詞で物語を展開することが、現実的ではないという認識が共有されていたからだろう。

ともあれこの二つのドラマの批評には、この二〇年の間で沖縄に起こった言語に対する考え方の変化が反映している。つまり琉球の物語は琉球語で、という発想や感覚が変化したことを示している。これはドラマを琉球語で理解する層がこの二〇年の間に激減したことを物語る。

もう一つ、見逃せない変化がある。かつて歴史家は小説の内容など歯牙にも掛けなかった。サブカルチャーがメインカルチャーを批判することはあっても、その逆はなかったのである。だが今後は根拠に基づいた言説を、研究者自身がしっかりと発信する必要があるのではないかと思われる。

## 舞台と観客の言葉

琉球王国時代から今に伝わる舞台演劇である組踊(くみおどり)はいま、多くの作品で字幕が使われている。字幕なくして内容を理解することは困難である。これはボクだけでなく、沖縄の方もそうである。

かつて組踊は「観る」ものではなく「聴く」ものであった。組踊は台詞にあたる「唱(とな)え」を楽しむものではなく、組踊のなかで使われる楽曲を聴くことが鑑賞のメインであった。これは西欧のオペラでも中国の京劇でも同じで、洋の東西を問わず音楽を中心とする歌劇は話劇(せりふ劇)よりも古い歴史をもっている。これはむしろ共通の言葉の基盤がなかったからこそ、歌が重視されたのかも知れない。中国やヨーロッパで標準語が広まるのは近代以降であり、中国においては、標準語を広める目的で標準語による話劇が各地で開催されたぐらいである。

やはり方言差の大きい沖縄で上演された組踊も、台詞部分にあたる「唱え」の内容理解よりも、歌三線の曲を鑑賞の重点に置いていたと考えられる。だから「唱え」の内容が理解できなくてもある程度は楽しめたのかも知れない。
しかし、ふと疑問に思うことがある。昔の観客は、台詞が理解できなくても本当に楽しめていたのだろうか。

ボクはよく組踊の復活公演に足を運ぶ。その演目は現在に伝わっていない作品を文献などの考証から今に蘇えらせるものである。こうした試みは実に興味深く、古典芸能の新たな未来を拓くものである。だが実際に復活公演をみると、その内容や構成に感心しないこともある。

それは歌三線より「唱え」に費やされる時間が長く、話劇のように長い台詞が続くものが多いのである。逆に「唱え」の長さと歌の曲数の配分が絶妙な玉城朝薫（たまぐすくちょうくん）の五番が傑作と称される理由に改めて気付かされるのである。つまり復活された演目は以前に廃（すた）れたという過去をもつ。廃れてしまった演目には、それなりの理由があったのだと思い知るのである。

では「唱え」が長いと何が問題なのだろう。ここで気になるのは、舞台の言葉と観客の言葉との距離である。舞台で語られる言葉が、ある時期から言葉だけでは舞台の観客の心に響かなくなった時期があるのではなかろうか。

組踊の草創期は、首里で上演される限り、舞台の台詞と観客が普段使う言葉の間は近かったかと思われる。しかし、現在は字幕なしには観客は内容を把握できなくなっている。舞台と観客の言葉がいつ離れてしまったのか、知りたいと思っている。

## 琉球語はどう表記すればよいか

かつて沖縄の教育者・仲原善忠氏(一八九〇年 - 一九六四年)は沖縄で使用する教科書を琉球の方言で記すよう米国政府から打診を受けたが、「そういうことは出来ない」と返答したそうである。当時の琉球語の多様性や琉球における文字文化、習慣などを考えれば、仲原氏のご意見は当然のことであったと思われる。また当時は方言を話すことができる人々も多く、標準語しか話せないという世代が出現する少し前の段階であり、方言をめぐる状況も現在とは異なっていたと思われる。

だが口語による琉球語の継承が非常に難しくなった今、何ができるかを考えたとき、必要になると思われるのは琉球語をどう書き記すか、その表記体系の構築にあると思われる。書き言葉が記録として残っていれば、過去の楽譜から音楽が再現されるように、記述された琉球語から新たに言語が復活する可能性がないわけではないからである。それはハワイに移住した沖縄の後の世代が琉球語を話す姿をみれば大いに参考になる。

だが琉球語の表記と継承にとって難しいのは、島々で異なるその多様性である。例えば首里方言に琉球諸語を代表させ、それを琉球弧の各地に広めることになれば、かつて日本語が琉球諸語に対してキラー・ランゲージ(Killer Language)として「機能」してしまったことと同じことが起こりうる。キラー・ランゲージとは、特に少数言語を消滅させてしまうような、支配的で威信のある言語のことである。日本語と琉球語との関係でいえば、日本語の標準語がキラー・ランゲージにあたる。もし、首里の言葉が標準化され、沖縄の各地に人為的に広げられることになれば、理屈としては首里方言が他の地域の地元の言葉に対するキラー・ランゲージになりうる。

しかし、どの言葉で琉球語を統一化するかということと、書記体系の構築は、そもそも別の段階に属することである。構築された表記体系を特定の言語に一本化し、広げるか否かということと、ひとまず表記体系のあり方を考えることは、とりあえず切り離して考えられる事柄である。だから表記体系を構築したあとに、表記を一本化するか、また島々の音声で地元の言葉を記すかという議論が行われても構わないと思われる。

琉球語の表記体系を考えるとき、まず文字体系をどうするかを考えねばならない。語彙の体系からみた場合、琉球語の語彙は、琉語、漢語、そして外来語からなる。これは日本語では和語、漢語、外来語となるのと同じである。そして日本語の場合、和語はひらがなや漢字、漢語は漢字、外来語はカタカナで書かれ、助詞や助動詞はひらがなが使われる。

琉球語の現状と将来を考えたとき、「プライバシー」など外来語も使うであろうし、「上等(ジョートー)」や「大概(テーゲー)」といった漢語も使われるだろう。よって琉球語を表記するときは、琉語や助詞・助動詞はひらがな、漢語は漢字、外来語はカタカナを基本とする表記が、ひらがなやカタカナだけの文章よりはずっと読みやすい。逆に仮名だけの文章は名詞・動詞・形容詞と助詞や助動詞の区切りがわかりにくくなり、標準語の表記に慣れた人には読みにくいのである。

現状から判断すると、今後は沖縄生まれの人々でも、標準語を身につけたあとに琉球語を学び、さらに標準語の書き言葉を学んだ後に、琉球語の書き言葉を習得するという順序で言葉を覚えることになる。こうした順序の善し悪しはわからないが、現在の社会状況からはそうならざるを得ないと思われる。

ただ漢字語の扱いは問題になる。標準語普及による漢字の難読化・複数化はこうした表記における漢字の使用に大きな影響を与えているが、漢字だけでは発音がわからないので「ふりがな」を用いる。つまり、沖縄方言普及協議会が発行する『沖縄方言新聞』に近い表記である。

だが漢字について研究している立場からは、この協議会の表記に関しては、些か違和感を抱くものがある。例えば、「知恵」という漢語にたいして「じんぶん」(「存分」に由来する漢語の発音）とふりがなをふったり、「仕方」に対して「しーよー」（「仕様」に由来する漢語の発音）という別の音読みが当てたりする例がある。

ボクはこうした漢字と読み方が乖離（かいり）する方法ではなく、漢字とその読みが一致する表記を使った方がいいのではないかと、個人的には感じている。そうすると、「知恵」と「存分」のように、標準語と琉球語で基づく漢字が異なる場合に少し意味がとりにくくなってしまうかも知れないが、それこそが琉球語の個性なのだから、それを取り入れるのが長い目でみるといいのではなかろうか。

## 資源としてのしまくとぅば

あらゆるものが商品化される世の中で、『琉球の風』や『テンペスト』のように琉球の歴史が歴史物語として消費される、また「安里屋ユンタ」のように民謡に現代的な編曲が加わって売り出されることは以前から行われてきた。そして近年、その商品化される琉球文化のリストに、しまくとぅばが加わっているようにみえる。

言葉には様々な機能があるが、本来は意思疎通のための道具であり、手段である。だが今の沖縄の若者にとって、琉球語はコミュニケーションの手段ではなくなり、外国語と同じような「学習の対象」となっている。これに伴い、琉球語の使われ方が以前とは異なってきている。

それはしまくとぅばのコンテンツ化、商品化、あるいは資源化である。例えば、子供向けアクションのドラマや小説の作り手は、しばしば受け手がわかる範囲の琉球語を織り交ぜることで、沖縄的なイメージを演出している。お土産物の包装紙やTシャツにあしらわれるしまくとぅばも商品化の一つである。また、テレビにおける民話を語るコーナーもコンテンツ化の一つであろう。歌詞の「うちなーぐちバージョン」もそうだが、いずれも発信者から一方的に発せられるものであり、その場で応答を期待するものではない。双方向でないという意味では、しまくとぅば大会もこれに含まれるのかも知れない。

もちろん多くの琉球語保存運動は善意に発し、琉球語で人々が意思伝達することを将来的に期待しているのだろう。だがこうした琉球語は意思疎通の手段としての機能から離れ、一種の文化資源や観光資源のように消費されているのである。

この現象は中国やアメリカやヨーロッパを見渡しても珍しいように見えるが、沖縄ほどではないにしろ日本全国で起こっていることでもある。全国の自治体は、観光客が目にする看板に地元の言葉を使うことで、ある種の地元らしさを演出している。

これが機能する理由は、地域の言葉には標準語にはない温かみを感じるといった人々の素朴な感情がある。全国のなかでも沖縄は琉球語の商品化にかなり成功している地域であると思われる。少なくともボクの地元の金沢では沖縄ほど方言が活用されているとは言いがたい。

この状況の善し悪しはわからない。だが今やこうした手段でしか言語文化の継承の動機付けが得られないという現状もあるかと思う。ひょっとすれば商品化された琉球語は琉球語使用の最後のとりでで、これがなくなったときは、しまくとぅばが古語になる日なのかも知れない。

# 未来の琉球語の担い手

　琉球語が話者を減らしつつあることは、以前から指摘されてきた。それは学生と対話するなかで感じることでもある。学生にとって、標準語での会話は大きな障壁ではなくなってきている一方で、彼らは総体的にみれば琉球語の担い手としての意識は希薄で、周囲からもそのように見られている。では、現代の沖縄の若者で、琉球語を比較的よく話す人々は、どういう人なのか。少し思い巡らしてみると、思い当たる人々がいる。それはヤンキーである。

　ヤンキーの方々を定義することは難しいが、地元志向や、仲間意識が強いという特徴が見いだせる。進学のために県外に出ることも、大学で他の地域出身の学生と交流する機会も相対的に少ないものと思われる。彼らは仲間うちで丁寧な標準語を日常的に使うことはなく、方言の使用頻度は、大学に通う学生よりは遥かに多い。

　これはどうやら沖縄に限ったことではないらしく、ボクの実家の石川県でもそうである。実家に帰ると、ずっと地元に残って生活していた友人や知人の方が、方言使用率が高い。数々の場所に移り住み、標準語を日常的に使い、方言をかなり意識しなければ話さなくなってしまったボクの言葉は、随分と彼らの言葉とは違ったものになったことを実感する。

これが沖縄と石川だけの現象かも知れないと思い、念のため日本各地から集まってくる学生、さらに海外からやってくる留学生にも聞いてみた。やはり地元の、あるいは母国のヤンキーの状況は沖縄と大同小異である。つまり、地元志向の強いヤンキーが方言を使う割合が高いということは、大げさとの批判を恐れずに言えば、地球規模の普遍的な現象である。

少し年配の方に目を転ずれば、ヤクザ稼業の方になるだろうか。ドスをきかせて恫喝(どうかつ)すると き、流暢な標準語だった場合、威力は半減するだろう。相手を萎縮させるつもりで「ワー ターンリ ウムトゥーミ」という表現が、「俺を誰だと思ってるんだ」という標準語になったことを想像していただきたい。地元の言葉を残す必要がもっともあるのは実は彼らかも知れない。そして実際に、一部のヤンキー女子の間で自らの優位性を周囲にアピールする手段(マウンティング)として方言が使われている例があるという。

それは沖縄県立芸術大学の波平八郎先生のもとに寄せられた國吉美和氏のレポートが物語っている。つまり、ヤンキー女子は、方言を使う同級生や後輩に調子に乗るなと圧力をかけ、彼女たちの方言使用を禁じるという。こうした行動に出るヤンキー女子の目的はもちろん「しまくとぅば大会」のライバルを蹴落とすためではない。國吉氏が指摘するように、自分たちの立場や権力を守るため、つまり「マウンティング」のためなのである。（國吉氏のレポートの一部は波平先生のフェイスブックにある）。

このままでは方言がヤンキーの専売特許となってしまう。ヤンキーは方言の擁護者になると同時に、方言の継承を阻む存在にもなり得るのである。

冗談のように聞こえるかも知れぬが、ボクは言語学者として将来の言語調査がどのようになるのか懸念している。

これまで言語調査をするときには、比較的年配の、それも元教師の方などに協力を依頼することが多かった。それは丁寧語など待遇表現などが調査項目にあり、そうした言葉もきちんと記録する必要があるからである。

だが後に今の学生世代が琉球語の話者として調査に協力することになった場合、琉球語をよりよく保存する使い手として理想的な存在となるだろうか。残念ながらその望みは薄い。そうでなければ、元ヤンキーの方々、ひょっとして現役ヤクザに恐る恐る調査を依頼することになるかも知れない。

## 失われた音を求めて

ボクは三線と笛を趣味としており、主に琉球古典音楽を学んでいる。原則は師匠の歌を継承することだが、現代に残る節回しを聴いてみると、各流派の歌い方はかなり異なることがわかる。きっと自分の性分なのだろう。どのように歌うのが本来の形なのか、とても気になるのである。では琉球古典音楽の本来の歌唱法はどのようなものだったのか。これを確認するには主に二つの方法がある。

(a)金武良仁(きんりょうじん)など古い音源を調べる。
(b)安富祖流や野村流、湛水(たんすい)流など各流派に残る節回しを調べる。

本来の歌い方と時代が近い(a)はもっとも参考にすべきものである。ここで大いに参考になるのは、冨原守清(とみはらしゅせい)『琉球音楽考』(琉球文化社)である。冨原は金武良仁と同時代の人物であり、その著書において具体的な曲名に使われる多くの節回しを解説している。さらに参考になるのは、歌の節回しと弦の旋律との関係である。琉球古典音楽にはいくつかの原則があるが、主な原則は以下の二つである。

(c)弦と歌詞の仮名付けは外す。つまり弦を弾く瞬間に歌詞が被る(かぶ)ることを避ける。
(d)弦の旋律が同じであれば、楽曲が違っても歌の節回しは同じになる。

(c)の三線の弦と仮名付けを何らかの形で外す原則はどの流派も共通している。ただ、外し方が異なるだけである。(d)は、例えば工工四(楽譜)で、「工〇尺」となっていれば、この箇所は昔節では例外なく「渡り吟」という節回しで歌われることになる。これは金武良仁の音源で確認できる。また冨原の本ではこの「渡り吟」以外にも、実に多くの吟法が記述されている。昔節や大昔節は(d)の原則が貫かれているのである。

さて、問題はこれらの方法や原則を通して、琉球古典音楽の本来の歌い方がどうなるのかである。上記の(a)と(b)の情報と、(c)と(d)の原則を総合して勘案すると、ある曲の箇所は安冨祖流の歌い方が、また別の曲のある節回しは野村流の歌い方が、そしてまた別の曲では湛水流がといった具合に、各流派に原則に合致した古い節回しが残っているのである。

実は右に述べたこうした琉球古典音楽の理論は、安富祖流絃声会の大湾清之師範の受け売りである。その詳細は『琉球古典音楽の表層』（アドバイザー）や師範自らが開く講演と実演で知ることができる。斯界きっての理論家である大湾師範の琉球古典音楽への造詣は、傾聴に値するものである。

実は、琉球古典音楽の原初的な節回しを調べる方法は、琉球語のかつての姿を調べる方法にかなり似ている。つまり古い琉球語も、主に二つの方法をとる。

(一)琉球語を記述した資料を調べるという文献的な手法。
(二)沖縄本島、石垣島、宮古島、奄美などに残っている発音を調べるという比較言語学的手法。

この二つを組み合わせて調べていくのである。ボクなどは期せずして仕事である自らの研究が、趣味である琉球古典音楽の理解に生きた形になっている。

## 日琉同祖論と言語

日琉同祖論とは、日本人と琉球人が、その起源において民族的には同一であるという説である。この説の根拠とされている事柄は比較的古く、源為朝の来琉伝説とからめて説明されることが多い。つまり羽地朝秀の『中山世鑑』（一六五〇年）や『おもろさうし』では、源為朝が琉球へ逃れ、その子が初代琉球王舜天になったとしている。その真偽は、ボクはよくわからない。ただ、一人の本土の人間が渡来したことで、日本と琉球に住む人々のルーツが同じだとする考えは、牽強付会に思われる。

この説の根拠とされることは歴史的背景だけでなく、言語的な根拠も持ち出される。つまり『古事記』、『日本書紀』、『万葉集』などの上代日本語と琉球語に共通の語彙が存在することと、発音も上代日本語と琉球語の間に対応関係があることが挙げられる。こうした言語的なつながりも、琉球王国末期の三司官・宜湾朝保（一八二三年-一八七六年）や伊波普猷（一八七六年-一九四七年）などによっても展開された。「琉球の五偉人」に数えられる方と「沖縄学の父」と称された言語学者によって主張されたため、そのインパクトは非常に大きかったものと思われる。

しかし日琉同祖論は今日的な観点で考えると非常に根拠が弱いように思われる。これは「民族」なる曖昧な概念が、あたかも明確な根拠と実体が存在するかのように思われていた時代の産物である。また「民族」と言語が同一視されることも、この説を人々が信じる背景にあったものと思われる。

では「民族」と言語はどの程度関連があるのだろうか。実は言語と「民族」は全く関係がない。例えば、南北アメリカに渡った沖縄出身者の二世や三世は現地の言葉が第一言語となり、琉球語がほとんどできない方もいる。こうした例は国内外をみても枚挙に暇がない。中国語を母語とする両親をもち、日本で生まれ育った子供が、中国語をほとんど理解できず、日本語が第一言語となっている例もある。つまり祖父母が沖縄出身であれ、どこの出身かということと、息子や孫の世代が言語として何を話すかは、関連がない。どの言語を話すかは、先天的ではなく、後天的に決まる。つまり言語の習得は、環境が圧倒的に支配する。

このことは周りを見渡せばすぐにわかるはずなのだが、なぜか血筋と言葉が一致することを人々は前提にしてしまう。もし「民族」と使用言語に先天的で必然的なつながりがあるなら、言葉が変わることは原理的にあり得ないし、「民族語」が廃れるはずがないが、現実は違う。

では琉球語と上代日本語に関連があるということは、何を示すのだろうか。

これは日本語と琉球語が、近い関係にあることを示すだけである。ここから「民族」の同一性や共通のルーツにさかのぼるのは、論理の飛躍である。言語の関連性は、言語的に関連があるという以上のものでも、それ以下のものでもない。これまで言葉は、人々を統合したり、識別したり、排除したりすることに利用されてきた。沖縄戦の末期には方言によって住民はスパイと見なされ、日本軍によって殺害されるという犯罪も起きている。言語の違いを強調し、統合や排除の論理につなげるのはもうやめたらどうかと思う。

では、琉球人と日本人が同じ起源か否かを証明するにはどうしたらいいのだろうか。ゲノムの類似性などを持ち出せば、証明できるかも知れないし、証明できないかも知れない。かえって沖縄人や日本人という、その違いが当然視されている区分も、思い込みか幻想であることを明らかにするかも知れない。

ボクは、「民族」を一つの単位や集団ととらえて何かを考えるのは、現代にあっては負の側面が大きいと思っている。人間のまとまりや集団は様々な人で構成されており、そうした多様性を無視して、偏見を助長する可能性が大きいからである。

人間には言語を獲得する能力が備わっているが、どの言語を獲得するかは後天的に決まる。人間の先天的な要素と、どの言語を使うかは関係がないことは、今もなお改めて強調されるべきことである。

# ウチナーヤマトグチの基層

日常使い分けている表現の違いを留学生から説明して欲しいと言われ、困ることがある。例えば、「寒い」と「冷たい」はどう違うのか。とりあえず「寒い」につながる表現を列挙しよう。「今日は寒い」「この部屋寒い」「私、寒い」などがあろう。だが「あなたは寒い」や「彼は寒い」となると別の意味になってしまう。

では「冷たい」はどうか。「水が冷たい」「風が冷たい」「対応が冷たい」「妻が冷たい」というのは問題ないが、「部屋が冷たい」は、標準語では使わない。やはり「部屋が寒い」であろう。

大まかな傾向としては、「寒い」は自分の感じる感覚で、「冷たい」は対象の温度が低いことを述べるときに用いる。また、日本語は「寒い」といった知覚表現を他人の感覚を表現するときに使えないという特徴がある。よって南極の野外で薄着の人をみたら、「彼は寒がっている」、「彼は寒そうだ」と表現する。だから「彼は寒い」という新しい表現は日本語の意味の体系の空白を突いたものといえる。

ウチナーヤマトグチは日本語と近い表現をとることが多いが、「寒い」と「冷たい」に関して、違いを感じるときがある。それは標準語で「寒い」というべきところを、「冷たい」で表現する場面に接するからである。以前、居酒屋で店員に「冷たい？」と聞かれて、何を尋ねられているのかわからなかった。彼女はボクがクーラーの下にいるので寒いかどうか尋ねたのだが、標準語なら「寒い？」と言う所である。また、オバサンが「冷たい、冷たい」と肩をすくめて前を通り過ぎたこともある。室内なので風も吹いていないのにそう言っていた。恐らく寒いことを表現していたのだろうが、やはり微妙な違和感を抱くのである。

では、どうしてこうしたズレが生じるのか。首里の言葉では「寒い」は「フィーサン」、「冷たい」は「フィジュルサン」におおむね対応する。しかし「寒い」と「フィーサン」は意味的に対応するが、言葉の音声的対応としては「フィーサン」は「寒い」と異なり、「ひえる」に関連する言葉である。つまり「さむい」系の語彙とは異なる。また「フィジュルサン」も由来としては「冷たい」とは異なる。つまり、沖縄の「フィーサン」と「フィジュルサン」は、標準語の「寒い」と「冷たい」とは語源的に異なる由来をもつ。

そこで沖縄の方に琉球語で寒いことを表す言い方を尋ねてみた。例えば十二月頃に寒くなってきたころに、「フィジュルク ナタンヤー」ということもあるらしい。これは標準語で「冷たい」に相当する表現である。もしかすると標準語で「寒い」が期待されるところで「冷たい」と言うことがあるのは、こうした琉球語の言語運用や発想が根底にあるからではないだろうか。
それに加えて、そもそも琉球語と完全に対応することのない「寒い」と「冷たい」という標準語を沖縄の人々が使うことを余儀なくされたことが要因ではないかと推測している。

日本語と沖縄大和口のずれ

| | | |
|---|---|---|
| **日本語** | つめたい | さむい |
| **沖縄大和口** | つめたい | さむい |
| **沖縄口** | フィジュルサン | フィーサン |

## 国名と言語名（言語か方言か１）

琉球の言葉は、琉球「語」なのか琉球「方言」なのか、どう呼べばいいのだろうか。この問題を考える前に、諸外国における国名と言語名の例を見てみよう。

例えば、南米のアルゼンチンで使われている言葉は、アルゼンチン語とは呼ばず、スペイン語と呼ぶ。ブラジルの言葉は、ポルトガル語であり、ブラジル語ではない。ここから国名は必ずしも言語名とは一致しないことがわかる。これは米国でイギリスの言葉を意味する「イングリッシュ」つまり「英語」という名称が使われていることも同様である。

では、フランス語とイタリア語を例にとってその関係を考えてみよう。方言同士の関係を「兄弟」、言語同士の関係を「他人」になぞらえるなら、フランス語とイタリア語の両語は、お互いに通じず、それぞれが「語」と称し、言語として「他人」のような扱いを受けている。だが両者の関係は極めて近く、実際には「兄弟関係」にある。ある言葉が「兄弟」なのか「他人」であるかを分ける基準は、基礎語彙の音韻対応にある。基礎語彙とは「目」や「耳」など日常使われる単語で、外来語の影響を受けにくいものをいう。そして音韻対応というのは、これらの語彙の音声が全体として音声が規則的に対応しているということをいう。フランス語とイタリア語はこの基礎語彙が対応しているのである。

ただ一部だけ対応しているのは偶然とみなされるため、多くの単語が体系的に対応していることが条件となる。例えば「目」は標準語では「メ」で、琉球語では「ミー」である。ここには音声的な対応があり、「耳」や「口」などその他の基礎語彙をみてもほぼ対応関係が見いだせる。だが英語のeye(目・アイ)になると「メ」や「ミー」とは音声的に対応せず、「耳」や「口」も全く関連が見いだせない。よって日本語の標準語と英語は言うなれば赤の他人である。フランス語とイタリア語が実際には「兄弟」なのに、それぞれが「語」となっているのは、国として独立しており、それぞれに正書法が確立し、それが法律や行政で使われた一定の歴史があり、今も日常的に使われているためである。

一方、朝鮮半島の北の言葉を朝鮮語、南の言葉を韓国語と今は呼んでいるが、これは「双子に」近い関係である。朝鮮語と韓国語は互いに通じるのであるが、二つの国に分裂したあと、韓国が独自に自らの言語を韓国語と呼んだのである。

以前、韓国のとある大学で学術講演をさせて頂いたことがあったが、ボクは日本語の原稿に「朝鮮語」と書いていた。だが当日訳されて配布された資料ではすべて「韓国語」に改められていた。その理由を尋ねると、韓国では「朝鮮語」という言い方に不快感を抱く方もいらっしゃるというのがその理由であった。

話は国名と言語名、そして言語の近さ・遠さに戻るが、日本語と中国語は「他人」である。日本語は中国語の語彙、特に文化語を大量に輸入しているが基礎語彙に共通する要素がないので「他人」とされる。言語的には貸し借りもする仲の良いお隣さんといったところか。朝鮮半島の言語と日本語の関係もこの基準でいえば「他人」である。琉球語と中国語も「他人」である。

ある言葉と言葉が、言語か方言か判別する基準は、国の名前でも、国として独立しているかでも、通じるか／通じないかでも、借用語が多いか／少ないか、でもない。基礎語彙の音声が対応するかどうかが基準となるのである。だがこの基準を必ずしもどこも採用しているわけではない。

# 政治の話と言葉の話（言語か方言か２）

言葉の親疎関係、言語が近いか遠いかは基礎語彙の音韻対応で決まる。つまり身近な言葉が音声的に対応するかが重要な要素である。この基礎語彙の共通性という観点からみると、日本本土の各地域の言葉と沖縄の言葉の関係は、印象的にはかなり遠いように見えるが、実は「兄弟」のような関係にある。

かつて日本と琉球は別の国で、琉球王国は独立国だったことを理由に、沖縄の言葉は「方言」ではなく「言語」であるとするのは、根拠の一つとなり得る。だがこうした基準は言語とは別の、歴史や政治の話であり、最も重視すべきか疑問が残る。このことは、アルゼンチンがスペイン語といい、ブラジルではポルトガル語といい、米国が英語という例をみてもわかる。

さて、沖縄の言葉は琉球「語」なのか琉球「方言」なのかという問いに戻る。ある言葉が「～語」なのか「～方言」なのかは、現実をみると恣意的である。「朝鮮語」と「韓国語」という呼称にみるように、それぞれが勝手に決めている側面がある（ちなみに英語ではどちらもKoreanである)。だが日本語に対して沖縄の言葉は兄弟関係にある以上、どちらかといえば、京都の言葉や東京の言葉と同様の「方言」が「言語」よりも実態に近い。

ところで言語学では、世界に存在する言語の数を特定するのは困難とされる。それは「言語」をどのように定義でするかで、言語の数が大きく違ってくるからである。だが全く基準がないわけでなく、基礎語彙が音韻対応しないものを「言語」としている。だが本来なら兄弟関係にあるフランス語とイタリア語を別の言語として扱うように、現実には例外が多いため、なかなか線引きは難しい。だが確実にいえる事は、「〜語」と言えば格が高く、「〜方言」なら劣位にあり、格下であるという話ではない。言語はすべて完成された体系を有し、等しく価値をもつとするのが言語学の基本的な立場であり、「方言」と呼んだからといっておとしめているわけでは決してない。

私事に亘るが、ボクは『琉球語史研究』(好文出版)という本を出している。日本語と琉球語は兄弟関係と言いながら、「琉球語」という言葉を使っている。それはなぜか。それは沖縄の方々のなかには「方言」という呼称に不快感を示す方がいらっしゃるからである。時々沖縄で講演させて頂くことがあるが、どんな内容の話をしても「方言」という言葉を使った時点で、質疑応答は琉球の言葉は方言ではない、といった話題一色になってしまうことがある。

もちろん言語学者は方言を分類上の項目として使っているので、その言葉や、ましてやその使用者を貶めているわけではない。かつては王国だったから琉球の言葉は言語だという基準を採用するなら三山統一の前と後で、「言語」か「方言」かが変わってしまう。もちろん、「方言」という言葉を使うことで、日本と琉球の「民族」が同じであると主張しようとか、沖縄の日本への「同化」を正当化しようとか、そういう話題に展開するためではない。言語の問題は、歴史認識や行政区画ではなく、言語の基準を優先的に採用するのが基本だと思う。

では沖縄の言葉を表現する際のもっとも中立的な言葉といえば、「しまくとぅば(島言葉)」になろうか。言語か方言かで議論になりそうな「琉球語」や「琉球方言」、また沖縄本島の言葉だけを指すこともある「沖縄語」や「うちなーぐち(沖縄口)」に比べ、「しまくとぅば」は中立というよりは、むしろ無難な呼び方と言えよう。だがこれも島々の言葉をひっくるめた総称としては使えるが、言語的位置づけをはっきりとさせるための学術用語にはなりにくいし、また地域ごとに異なる言葉を識別する際に、やはり困ってしまうのである。

また「しまくとぅば」という言葉自体は昔から一般的だったわけではなさそうで、国立国語研究所『沖縄語辞典』(一九六九年)、半田一郎『琉球語辞典』(大学書林、一九九九年)、内間直仁・野原三義『沖縄語辞典』(研究社、二〇〇六年)など主要な辞書にこの言葉はない。沖縄の方も「しまくとぅばを話す」というとは言わないようである。もしかして「しまくとぅば」は二十一世紀に入って条例が制定されるなどして、行政を中心に急速に広がった新しい呼び方かも知れない。

## 言葉に歴史あり

「支那の呼称を避けることに関する件」という一九四六年に出された文書がある。これは中国（当時は中華民国）の呼称として「支那」という語を使うのをやめてほしいという中華民国の公式と非公式の申し出を受け、外務省総務局長の名で東京都下の主要新聞社あてに発せられたものである。それ以来、中国を指して支那と呼ぶことは公的には避けられているが、日本の一部の政治家や国民は敢えてこの語を使用している。

なぜ彼らはわざわざ「中国」ではなく、「支那」という語を使うのか。その理由を書いたものを読むと「支那」という語は由来が古く、差別的とされていなかった時期があるということが根拠らしい。確かに「支那」は、漢訳仏典におけるChinaの呼称としてサンスクリット語から漢語に音訳されてできた呼称である。だが他にも「至那」、「脂那」など表記法は様々であったようである。恐らく由来に関してはこれを指していると思われる。

だがこうした理由をもってしても、中国を支那と呼ぶのは時代錯誤も甚だしい。国と国との関係は人が担うものでもある。相手が嫌がる呼称をわざわざ使うことは、いくら差別の意図はないと言い逃れても、悪意があると捉えられるだろう。こうしたことを言うと、「表現の自由」を持ち出して反論する方がいるが、表現の自由は、発言した内容に対して人から批判されない権利ではない。

実はボクが琉球の言葉が日本本土の言葉と強いつながりがあることを認識しつつ、「琉球方言」ではなく「琉球語」を敢えて使うのはこれと関係がある。それは琉球の言葉を「方言」と呼ばれて不快に感じる方が沖縄に一定数いらっしゃるからである。

言葉の分類は、大きな単位からいえば、「語族～語派～語群～言語～方言」と細分化されるが、「～語」と「～方言」という呼称が恣意的に運用されると、位置づけや系統がわかりにくくなってしまう。だが歴史的には系統が全く異なる朝鮮語も、植民地支配のなかで日本語の「方言」と位置づけられた歴史もある。安田敏朗『植民地のなかの「国語学」』（三元社）には「朝鮮が日本領である以上朝鮮語は「日本語の方言」であり、内地の方言同様最終的には消滅させるべきである」という、朝鮮語方言論が日本の国語学者から展開されたことが論じられている。

さらに沖縄では悪名高い「方言札」で方言の語が使われ続けたことも考えると、「方言」という言葉も、分類の便宜だけではなく、「支那」同様に歴史の手垢のついた言葉なのである。「方言」という言葉をめぐって、ボクは言語研究者としてジレンマを感じる日々である。

# 琉球語の公用語化とアイデンティティ

我々は一つの国には一つの公用語だけが使われると思いがちだ。だが世界には一国で複数の公用語を使う国がある。スイスではフランス語、イタリア語、ドイツ語、ロマンシュ語の四カ国語が公用語に指定される。ベルギーもフランス語とフラマン語が使われ、道路標識は二言語で書かれる。かつて日本でも英語第二公用語案が出たが、公用語を一つ増やすだけで、行政の事務負担は爆発的に増える。公的文書を全て二言語で出す義務が生じるからだ。右の国が複数の公用語をあえて採用しているのは、少数言語の話者が法律理解や教育機会で不利益を被らないようにするためである。よって多言語社会の人々にとり、公用語の指定は死活問題と言える。税制ひとつとっても、法律を知らずに得することはないからである。実は中国よりも面積が狭いＥＵ(欧州連合)が公用語を一つの言語に統一せず、二十四もの公用語を使っているのも、こうした背景がある。ちなみにドイツ語とオランダ語はいずれもＥＵの公用語だが、その違いは東京弁と関西弁にたとえられることもある。

一方、沖縄の言語継承問題はどうであろうか。例えば、病院などで症状を伝えるときに、微妙なニュアンスが伝わらないといったことはあろうが、二十世紀前半生まれの方ならば標準語と方言を両方話せるため、実際には標準語のコミュニケーションに大きな支障があるわけではない。方言しか使えないことで、行政上、不利な立場に立たされるといったケースはどの程度あるのかわからないが、言語を継承しようという動機が、行政上の不利益に端を発しているわけではないことは確かなようである。

だから重要ではない、というわけではないが、現在の沖縄の人々にとっての琉球語の必要性は、欧州の少数言語の話者とは質的に異なるようにみえる。もし現在、沖縄の公用語が標準語から琉球語に取って替わったらどうなるだろうか。沖縄の人々の利益は損なわれかねない。また首里の言葉を基礎にウチナーグチを標準化・統一化したらどうなるだろうか。首里以外の言葉を話す人々、特に離島の方々にとって新たな負担になるであろう。では、標準語とは別に琉球語をもう一つの公用語とし、どちらかを選べるというようにするというのはどうだろうか。これも冒頭で触れたように、出される行政文書は二重になり、そのコストは本来の行政サービスを圧迫するほどに増加することが予想される。

琉球語を社会のなかで具体的にどのように位置づけるかという議論を棚に上げられるなら、ボクは琉球語が今後も継承されることを願っている。それは沖縄の芸能は琉球語を基盤として成立しており、言葉の衰退はこうした芸能の存続に影響を及ぼすからである。

ただ外国の言語状況から沖縄をみた場合、現代沖縄の言語継承問題は、社会問題というより、琉日間の歴史問題、あるいはアイデンティティなど観念上の問題に近いようにみえる。このアイデンティティという語は比較的よく使われる割には、些かイメージがつかみづらい言葉である。辞書をひくと「主体性」や「自己同一性」などと説明がされる。ちなみに中国語では〝認同〟といい、朝鮮語では「チョンチェソン」、漢字に置き換えると「正体性」となる。アイデンティティとは、「自分は何者なのか」という問いに対する答えにあたるもの、とでも言えばいいのだろうか。また共同体への帰属意識、つまり「自分が沖縄人ないし日本人であるという意識」のことも指す。

では自分が日本人ではなく、沖縄人であることを証明するにはどうすればいいか。突き詰めるとこれは非常に難しい。アイデンティティは民族とは異なるが、これが混同されて古くからある民族の定義が引き合いに出されることもある。そして「民族」と「言語」という古い話が浮上するのである。

今、漠然と考えられている「民族」の定義は、スターリンが一九一三年という今から百年以上前に出した定義、つまり「言語、地域、経済生活、および文化の共通性のうちにあらわれる心理状態の共通性を基礎として生じたところの、歴史的に構成された、人間の堅固な共同体」に由来する。これは当時としても便宜的なものだったのだが、今なおこれが命脈を保っていることに複雑な感情を抱く。

その後、エリック・ホブズボームは『ナショナリズムの歴史と現在』（大月書店）で以下のように述べる。

「国民的言語は、ナショナリストの神話が想定していること、つまり、国民的言語は民族的文化の原初からの基盤であり、民族的精神の母型である、という想定とは正反対のものである。それらはたいてい、実際に話されている多数の言葉から、標準語を設定しようとして作り出されたものである。」

つまり言語が「民族」を決めるのではなく、「民族意識」を作り上げるために「言語が同じであること」が利用されるのである。沖縄の言語の継承も、まさにアイデンティティを証明する手段として、あるいは統合の象徴としての意味合いがあるようにみえる。しかし言語は後天的に獲得される。だから琉球語ができないことは、沖縄のアイデンティティをもつこととは関係がないと思われる。だが「アイデンティティ」も、「民族」という概念同様に、きわめて漠然としたものなのである。

# 進化論と言語

世界の言葉を分類するときに、よく孤立語（こりつご）、屈折語（くっせつご）、膠着語（こうちゃくご）という言葉が用いられる。孤立語は、古典中国語のように動詞や名詞が変化せず、「てにをは」の関係が主に語順で決まるタイプの言語を指す。屈折語は、英語やフランス語のように名詞や動詞の文法的な働きを活用で表すタイプで、膠着語は日本語のように、「てにをは」が名詞の後ろにくっついて格を表すタイプの言語である。琉球語も日本語と同様に膠着語に分類される。

こうした言語類型論は十九世紀からあるが、当初は言語を分類するという素朴な動機の他に、これらのタイプが言語の進化の過程を表しているという説とセットになっていた。つまり、語形変化が単純な孤立語が進化すれば、膠着語になり、それがさらに進化すれば、語形変化が最も複雑な屈折語になると考えられていた。つまり中国語のような言語が一番原始的で、フランス語のような言語が先進的と位置づけられた。この三つの分類は、優劣そのものを示しているとされたのである。

この考えは文法構造のみにとどまらず、また文字においても適用された。つまり、漢字がもっとも原始的で、それが進化すれば仮名になり、進化の最終形がローマ字などの音標文字だという考え方である。フランスのルソーなども、文字体系が社会の進歩の度合いを反映しているという考えを示している。

こうした考え方は、その後、社会進化論における適者生存や優勝劣敗、自然淘汰の考えとあいまって、アジア地域に強い影響を及ぼした。魯迅などは「漢字を滅ぼさなければ、中国は必ず亡ぶ」と主張するほど危機感を抱いていた。現在、中国で簡体字が用いられているのも、そもそも漢字を廃止し、ローマ字化するための一つのステップであった。漢字をいきなりローマ字化するのは急進的すぎるので、とりあえず簡体字とピンインを併用しようというところで止まっているだけなのである。

さすがに今の中国では、簡体字を繁体字に戻そうという意見はあっても、漢字をやめてローマ字にしようという話はあまりないが、かつては本気で漢字廃止に躍起になった時期があった。これは日本も同様で、前島密は「漢字御廃止之議」（一八六六年）で漢字を廃止して仮名にする提案をしている。また、志賀直哉に至っては『改造』（一九四六年四月号）で、漢字廃止ばかりか日本語を廃止し、「世界中で一番いい言語、一番美しい言語」であるフランス語を使うのが「一番よささうな気がする」と述べている。

琉球語の表記案で、全文をひらがな、あるいはカタカナにする案もあるが、今では日本語の漢字をやめて仮名やローマ字にしよう、あるいは日本語をやめて英語やフランス語を公用語にしようという話は、突拍子のないものにうつる。また、こうした言語の優劣に関する考え方は、歴史の一部として扱われることが多いが、いまだに優劣の意識が存在しているように思える。

この世界は優勝劣敗ばかりではない。例えば、逃げることができず、捕食される一方の植物が、その種を残していたりする。また、恐竜が絶滅してしまう一方で、全く強そうには見えないナマコが今でも生き残っている。こうした例をみると、どの世界も「弱肉強食」という単純な原理だけが幅を利かせている訳ではないようにみえる。

話題を言葉の話に戻そう。

琉球語の消滅を前に、それを「仕方ない」と受け止める気持ちの中に、過去に現に存在していた言葉の優劣の意識がないと言い切れるのだろうか。テレビなどで方言がどこか滑稽なものとして使われる場面をみるにつけ、歴史における偏見が現代にも尾をひいているように思えてならない。

# 授業とお稽古のあいだに

# 専門家の意見もいろいろ

　ボクは語学オタクである。言葉、とりわけ外国語の勉強が好きである。学んだことのある言葉を挙げると十数カ国語に及ぶが、読み・書き・話すが問題なくできるのは母語の日本語だけである。中・英・仏語は新聞ぐらいなら何とか読めるが、それ以外の言語になると「できる」と公言する勇気はない。

　だが外国語に関して、日本人は完璧主義になる傾向が強い。ある程度意思疎通ができているのに「私はできません」などと言う。謙遜のつもりが、外国人のなかには馬鹿にされたような気分になる方もいる。

　だが実際、中国人にしろ、欧米人にしろ、ボクが話す間違いだらけの外国語に大らかに接してくれる。間違いより通じていることを評価してくれる人がほとんどである。外国語を学ぶと、白黒画面がカラーになった気分を味わえる。これが楽しい。だが忘れられぬ失敗もある。

　ＮＨＫのイタリア語講座の開始は二十年ほど前。かつてジローラモなるモデルが出ていた。

彼はおいしいという意味のボーノという言葉を紹介し、その仕草も実演していた。それは人差し指の先を頬に押し当ててグリグリ回すものだった。ボクがパリで研修していたころのことである。語学学校の同窓のイタリア人夫婦に夕食に招かれた。目の前には具のないスパゲティ。だが生トマトから作ったソースは絶品だった。ボクは、ここぞとばかりボーノという言葉と例の仕草を繰り出した。夫妻は笑って流したが、ほどなく困惑の表情で顔を見合わせた。ボクは微妙な雰囲気を感じて、回す指を力なくとめた。

その仕草、イタリアでは子供しかしないよ。この一言に、顔から火が出た。夫妻はボクが大学教員だと知っている。年齢も当時、而立（じりつ）を過ぎていた。そんな極東の外国人が、無邪気な子供の仕草で喜んでいる。その逆を想像してみたい。イタリア人教授が「おいちー」と人差し指を頬に当てたら、やはりボクは困惑を隠せないだろう。

我々は外国人による母国の話をつい信じてしまう。中国語なら、ある表現が使えるかどうかの判断は中国人でも食い違う。考えれば日本語でもよくあることだ。外国人を専門家に置き換えても同じ。どんな話も誰が言ったかではなく、内容で真偽を判断せねばならぬ。だがこれが案外、難しい。大学はそうした判断力を養う最良の場所だ。専門家で意見が違う状況を、日常的に体験できる。大学の醍醐味は専門家の話を聞くことのみにあるのではなく、それを踏まえて自分自身で思考することにある。

# 広まる俗説

漢字の研究は日進月歩であり、特に中国で出土される文物に記された文字によって飛躍的な発展を遂げている。だが日本のマスコミやネットでは、依然として昔の大家が提示した説を鵜呑みにした言説が多く観られる。そこには研究者の間では早くから証明されている定説が反映されていない状況も観られる。またこうした漢字の成り立ちや語源を説明するのが、かつて熱血国語教師を演じた役者であったりすることが要因の一つと考えられる。役者だから言っていることがいい加減だというつもりは毛頭ない。だが妥当性の低い説を、専門家のようにもっともらしく説明することはいかがかとおもう。

一つ例を挙げよう。「童」という漢字の成り立ちとして日本語のネットで検索すると「針で目を突き刺した奴隷」といった語源説明が出てくる。それは「童」という漢字が、針を示す「辛」、「目」、「東」、「土」に分解されるので、このような説が出て来たのであろう。これが「本当は怖い漢字の話」の一つとしてテレビやネットで拡散している。中国の後漢、許慎の『説文解字』という本がある。この本は漢字の成り立ちについて説明した最初期の著作であり、漢字を研究するにあたり、とりあえず参照すべき本である。これにはどう書いてあるか。

まず文字の成り立ちとして「从辛重省声」とある。つまり「童」は形声文字であり、「辛」が意味の部分を担い、「重」が発音を担う。「重省声」は「重」の字を一部省略した字形が発音表示に使われていることを示す。先の「童」の漢字を「辛」、「目」、「東」、「土」の四つに分け、針を示す「辛」と「目」の連想から「針で目を突き刺す」と連想したと推測するが、これは誤りである。針を示す「辛」は入れ墨に使う刃物を表す。かつて奴隷は入れ墨を施されたため、「辛」が意味を示す部分に使われている。そもそも針で目を突き刺したら奴隷として役に立つまい。

「童」を「針で目を突き刺した奴隷」とする誤釈は、形声文字を会意文字と勘違いしたことがその原因であると思われる。会意文字とは一つの漢字を構成する各要素の意味を組み合わせる造字法のことである。例えば「戈(ほこ)」と「止(とめる)」を組み合わせて「武(まもる)」という漢字を作ったり、「木」を複数集めて「林」や「森」という漢字にしたりするタイプの造字法である。メディアやネットに観られる漢字の成り立ちに関する間違いはこのパターンが多い。またこの間違いは親が子供の名前を付ける場合にも影響を及ぼしている。近年、親が子供の名前に「腥」「曖」「朓」という漢字を使う例があるという。これらはいずれも形声文字で、「月」「日」「月」の部分は意味、「星」「愛」「光」は音のみを表している。だが、親の一部にはこれを「月と星」、「日と愛」、

「月と光」という風に会意文字と誤って解釈し、「素敵な漢字」として認識しているようだ。だが、これらの漢字の意味は、「腥」は「なまぐさい（「腥気」の「腥」）」、「曖」は「ぼんやりしている（「曖昧」の「曖」）」、「胱」は「なかがうつろになった内臓（「膀胱」の「胱」）」であり、親が期待する「星」「愛」「光」の意味は、全くない。名前は一生ついてまわるので注意が必要である。

また「人」という字はお互いに支え合っているから「人」という字なのであるといった俗説は、「人」を会意文字として解釈した誤りにもとづく。ちなみに「人」の字形を甲骨文にさかのぼってみれば、人が一人で立つ姿をかたどった「象形文字」であることがわかる。

漢字の成り立ちを考えるときは、とりあえず『説文解字』を参照し、その注釈を読む。そして、それ以前の甲骨文や金文などの字形をみて『説文解字』の説明に矛盾していないか確認する作業が必要になる。だが『説文解字』にも間違いがあるし、そもそも漢字の語源となると不明な点が多く、科学的に説明することは難しい。それは漢字のみならず、言葉の語源が、科学的に成立しにくいことに通じる。だが明らかな間違いより妥当性のより高い知識を身につけた方がよい。また、科学には質的な限界があることも知る必要がある。間違いを信じると、時に健康被害や、破産など生活に大きく響くこともあり得るからである。だが右のような言葉の話題は、実生活への影響はほとんどなく、信憑性（しんぴょうせい）がなくとも娯楽として消費されがちである。これが俗説の広まる要因なのかも知れない。

# こんにちは、よろしく、そしてありがとう

外国人でも知っている日本語と言えば「こんにちは」であろう。だがこの言葉は身内には使わない。試しに両親に「こんにちは」と挨拶したら、「他人かと思ってびっくりした」と言われた。つまりこの代表的な挨拶は、親しい人には使わず、さして親しくない人に使う。学校でも、友達に「こんにちは」とは言わないであろう。石垣島などでは「こんにちは」に相当する言葉はないという。案外「こんにちは」は不自然な言葉なのかも知れない。

中国語のニーハオはどうか。実は中国人同士では、ほぼ口にしない。中国語の你好は、二十世紀に丁寧な言葉を推進するなかで造られた新しい言葉のため、日常に根付いていない。

では中国人はどのように挨拶を交わすのだろうか。日本語のように定式化したものではなく、誰かとすれ違ったら、その相手の名前や敬称で呼ぶ。また「ご飯食べた?」「学校に行くの?」といった相手の状況を尋ねたりすることもある。これは日本の親しい間柄でのあいさつに似ている。また中国語には「いただきます」や「ごちそうさま」に相当する中国語はないため、日本語

話者は食事の前や後に、一言いえずに当惑することになる。

日本語の自己紹介は「よろしくお願いします」で終える。だがこれを中国語や仏語、英語にするのは案外、難しい。それは日本語では何もお願いしていなくても、この言い方が成立するからである。「宜しくお願い」に相当する言葉は請(チン)、シル・ヴ・プレ、プリーズなど中・仏・英にもあるが、これらは依頼内容を具体的に示さねば成立しない。

外国語から日本語をみると、「宜しくお願い」には「自己紹介の終了を示す機能」がある。我々は無意識にこれを理解しており、この言葉を合図にみなが拍手をするのである。

一方、外国語の自己紹介の終了文句は日本語ほど固定化されていない。強いて言えば「ありがとう」を使う。この感謝の言葉だが、中・仏・英にあって、日本語にはない表現がある。「前もって感謝申し上げる」という表現である。これは依頼の場面で使われるが、もし日本語で何かを依頼され、承諾もしていない段階で「ご協力ありがとう」などと書かれていたら、依頼された側は困惑するだろう。中・仏・英語ではこうした表現に遭遇することがある。こうした外国語の「ありがとう」は「宜しくお願い」の機能に通じる。

だが先日、日本のトイレで「きれいに使ってくれてありがとう」という貼り紙を見た。日本語にもこうした表現が許容されつつあるのだろうか。

# 避けたい話題と文化

かなりの旧聞に属するが、中国に留学していた日本人学生が中国の大学の文化祭で披露した性的内容を含んだパフォーマンスが、猛烈な抗議を受け、それが反日デモに発展したことがあった。当時の記事によると、その行為は日本では笑って済ませる程度のものであるが、中国では怒りを買うに値するものだったと想像する。沖縄の結婚式では時に夫婦の営みを想像させる余興があり、自分も笑いつつ中国では絶対に許されないレベルだと感じることもある。

国内で許されることが、海外では許されないことは多い。その逆も然り。何をどの程度許容するかは、文化で違う。これは初対面での話題についてもそうである。初対面や関係の浅い人と何を話すかは、社交にとって重要なことである。しかし、一般に日本人が何気なく聞く、恋人の存在や、関係の深さといった質問は、多くの中国人は好まない。これは関係が深まり、相手が自ら話したときにすればよい話題とみなされる。ましてや猥談（わいだん）は御法度（ごはっと）である。

逆に中国人が出す話題で、日本人が避けたいと思っているのはお金の話である。日本人とのつきあいに慣れてない方からは、物の値段をよく聞かれる。着ている服の値段から、親の年収まで聞かれたこともある。一般に中国ではお金の話題を避ける意識は薄い。これは日本人が性的話題への敷居が低いのと感覚的に似ており、悪気がない。

ボクにも嫌な話題はある。自己紹介で外国語を学んでいると言うと、何かしゃべって、と言われることである。相手には悪気がないが、試されているようで愉快ではない。更に返答で仏語を口走ると感心され、中国語を話すと笑われる。考えてみれば、芸人が中国語の口まねで笑いをとることは昔からあるが、英語やフランス語はあまり見かけない。日本語に英語を過剰に挟む話芸もあるが、それは英語の口まねではなく、「変な日本語」の芸である。笑いという分野で、外国語で人々の反応が異なるのは、案外根深い問題なのかも知れない。

その話題はひとまずおくが、外国語を学ぶ学生の多くは口々に会話力をつけたいと言う。だが見過ごされがちなのは、適切な話題を選択する力である。関係の親疎で話題を選び、相手を不快にしないだけの社交術も言葉の習得には必要である。

初対面なのに失礼なことを言ったり、言われたりする経験は誰しもあると思うが、異なる文化圏にいる人同士ならその可能性は高まる。だが問題となる話題は文化によって異なり、自分の文化とは一致しないこともある。少なくとも避けるべき話題が存在することだけは覚えておいた方がいい。

# よい外国語の使い手

米国人の英語による講演で、ある日本人が「畑違いの素人のため的外れな質問かもしれず大変申し訳ありませんが、どうぞよろしくお願い致します」と日本語で質問を始めた。これに対し、通訳は、「I hope you will enjoy my question.（私の質問を楽しんで下さることを望みます。）」と訳したそうである。この二つの日本語は、直訳では全く内容が違う。だが質問を始める前の、質問者の謙遜の気持ちや、質問に関する非礼をあらかじめ詫びる意味では、先の英語は素晴らしい意訳である。まさにプロの本領をみる思いである。

だが誰しも優秀な通訳に出会えるわけではない。その時に是非覚えておいてほしいことがある。それは訳しやすい日本語を通訳に伝えるということである。

冒頭の日本人の質問は、丁寧ではあるが意図が伝わりにくい、いわば通訳泣かせの表現である。実際、過剰な丁寧さや日本語的発想で述べられた日本語は通訳を困惑させる。だから、時に謙遜や丁寧さを避けてわかり易さを優先させる必要もあろう。

外国語教育の第一の目的は学習者が自ら外国語を使えるよう導くことである。だが第二言語である外国語の修得は誰もが成功するわけではない。母語、つまり第一言語は、話す・聞くという能力においてほとんどの人が成功する。だが小学校や中学校で第二言語である外国語を始めても、大抵失敗するのが現実である。こうなる理由には、年齢的な要因や生活圏の言語環境と学習言語が異なることが挙げられるが、近年母語によるフィルターが第二言語の習得を妨げる要因だと指摘されている。人の脳が、母語を使う際には重要ではない区別を、外国語では無視してしまうというものである。つまり母語による処理効率があがるにつれ、外国語の処理が難しくなるのである。こうした点は白井恭弘『外国語学習の科学』(岩波新書)に書かれている。ここには外国語習得のヒントが数多く提示されている。

ボクは言葉を教えている。だから学生が言葉を習得するのは嬉しい。だが失敗する者が大多数であることを知りながら、彼らの挫折感をケアしないのは不誠実である。そこでボクは、彼らに伝えたい。語学に失敗しても、よりよき外国語の使い手になれる、と。

まず、外国語を通して日本語の表現を見つめ直し、何が日本語的表現で、どう伝えれば外国語の話者に伝わるのかを理解することである。見過ごされがちだが、母語への理解を深めることも外国語学習の目的の一つなのである。外国語が自らできなくても日本語独特の表現を避け訳しやすい言葉を通訳に伝えて外国人と意思疎通ができれば、それで十分「国際人」だと思う。

# 観光地はサンエー

外国語を学ぶ学生は会話ができるようになりたいという。だからなるべく中国語の授業で会話する時間を設けるのだが、いつも悩む。中国語の初級を一年終えた学生を対象にしたクラスを担当したときのことである。ボクは身近な話題として中国人に観光地の説明や交通手段、その魅力について説明するという状況を設定した。

だが話が全然盛り上がらない。その最大の原因は中国語の表現力が足りないからなのだが、それだけではない。なぜなら日本語でも話題が続かないからである。衝撃的だったのは沖縄には観るべき所が何もないと言う者が何人もいたのである。

以前、本土の大学で教鞭を執る知り合いが、沖縄観光に際し、那覇出身の学生におすすめの観光地を尋ねたそうだ。そうしたらその学生は「サンエーぐらい」と言ったらしい。「サンエーって何ですか?」と問い返したら、地元のスーパーであるという。この時の驚きはなかったらしい。実はボクのクラスにも一人「沖縄で遊ぶ場所なんて、サンエーしか思い浮かばない」という学生がいた。
その先生は本当にサンエーにも行ったが、もちろんサンエーも悪くない。外国人には珍しい地元食材や特産品があるし、物価水準も把握できる。ボク自身、国内外の旅行では、必ず市場やスーパーに行く。そこはその土地の反映でもあるからである。だが観光客が求めているのは、それじゃない。

観光地が思い浮かばないようなので、首里城やグスク、美ら海水族館、植物園、ダイビング、スカイダイビング、戦跡、三線や琉球ガラス作りの体験型テーマパーク、免税店やアウトレット・モール、泡盛の酒蔵、夕陽の美しい海岸、安保の見える丘などを紹介した。学生は「ああ、そういえば」といった反応だったが、行ったことがないのか、そこから話題が展開しなかった。

この時ボクは確信した。学生は遊んでいない。彼らは観光客が遊ぶようには遊んでいないのである。一部の沖縄の若者にとって沖縄の観光地は「身近」な存在ではない。言うまでもなく、人との会話は話題があって成立する。若者はコミュニケーション能力といえば、空気を読み、人間関係や雰囲気に適応することだと思っているふしがある。だが年齢、文化、経験、立場といった何も共通性がなさそうな人と共通の話題を見いだし、親しく話す能力が、今後はより必要になるだろう。グローバル社会は、空気ではなく、言葉が重視されるロー・コンテクスト（低文脈）の社会なのだから。

# 若者は本当に内向きなのか

近年、日本の若者は内向きだと言われる。海外に出たがらず、米国への留学生が減り、ハーバード大への留学生が中国や韓国に比べて少ないという。この話はどの程度、確かなのか。

文部科学省が出す〇八年の統計では、海外への留学は総数、割合とも二十年前より増えている。二十年前より今の方が留学する数が増えているというのは、二十年前に中国に留学していたボクの実感とも一致する。確かにこの十年で米国への留学は減ったが、それでも海外留学の総数が増えているのは、中国や韓国などアジア諸国に留学先がシフトしているからだ。

日本最大の貿易相手国は〇九年以降、米国から中国に取って代わった。中国語学習者も以前に比べると増えた。中国から日本にやってくる観光客も爆発的に増えた。こうした国内外の変化を反映し、若者の留学先が多様化したのである。今や世界中に日本人留学生がおり、日本人のいない留学先を探すことは、ほぼ不可能なほどである。

ちなみにハーバード大の学費は年間三百万円以上もする。渡航費、生活費、保険料も考慮すれば、米国留学費は誰もが快く出せる額にはならない。また、米国や英国への留学へは、高等教育に対応できるだけの高い英語力も問われる。だがマスコミや産業界、さらに一部の大学人まで、なぜ米国とハーバード大の留学生数のみを根拠として、若者を内向きだと決めつけるのか。ボクにはそれが、わからない。

欲望は入手可能性で変わると言われる。もう少しで手に入る、というところで欲望は最大になる。若者が高級外車に全く興味を示さず、国産の軽自動車に人気が集まるというのも、軽自動車の方が、入手可能性が高いことが理由である。そもそも入手不可能なものに人は見向きもしない。これは商品のみならず、恋愛対象、留学への意欲にも当てはまる。留学に強い興味を示すのは、実際に留学に行くことを現実視できる人々がほとんどである。もし留学に興味を示さない者がいるとすれば、それは家庭や経済的な事情などからそもそも留学が現実のものとして考えられないからなのかも知れない。若者の性格が全ての原因であるかのように言うのには、やはり違和感を抱く。

内向きの真の問題は、海外に留学しても日本語人脈やネットの世界に安住し、その社会に飛び込まずにいることだ。また内向きを批判されるべきは若者だけではあるまい。大学がグローバル化を標榜する一方で学部や国際プロジェクトに外国語に翻訳できないような奇妙な名称を付けたりする。こうした行為やそれを奨励することこそ「内向き」なのだろう。

# 言語間の不平等

言葉の基本は音声である。手話などを除き、一般に言葉の成立には音声が不可欠である。書き言葉がない言語は数多く存在するが、音声がない言葉はほぼないと言ってよい。そして、言葉には文法がある。文法のない言語もまた存在せず、このルールも言語ごとに決まっている。

かつて動詞が主語の格や時制で変化する英語やドイツ語、フランス語のような言語が上等で、中国語のような動詞が変化しない言語は下等と見なされ、それが当時の社会に大きな衝撃を与えた。そして文字も漢字のような「表語文字」が下等で、ローマ字のような「音標文字」が進化した形であるとされたが、これも今は否定されている。言葉は、意思を伝達するという機能においてみな等しく十分な機能をもっている、というのが言語学の基本的な考え方である。よって東京の言葉と沖縄の言葉に優劣を付けることは、人種に優劣を付けることと同じように、妥当ではなく、意味もなさない。だが社会における言葉の位置づけや、言語をとりまく環境に目を向けると、言語が同じ扱いを受けているとは言いがたい。

以前、ボクはセルボ・クロアチア語という東ヨーロッパのスラブ系言語を勉強しようとした。それは、そこの言葉が使われており、第一次世界大戦のきっかけたなったサラエボ事件とユーゴスラビア紛争の舞台を一度訪れたかったからである。困ったのは、この言語を学ぼうにも教科書や辞書が少なく、あったとしてもいずれも高価だったことである。一方、英語や中国語になると実に様々な教材が入手でき、しかもテレビやネットで実際の音源も視聴できる。また、海外旅行では英語の方が日本語よりずっと通じやすいし、ボクの場合、英語や中国語なしに研究はできない。

ところで中国の清朝は、満洲族の王朝であった。支配者は満洲族であり、被支配者は漢人であった。清朝では満洲語が第一言語になり、中国語は補助的な地位に置かれた。そして国内における公文書は満洲語と漢語の両方を常に併記していた。しかし、外国との条約においては満洲語を使い、一八五八年にロシアとの間でかわされた璦琿(アイグン)条約の原文は、ロシア語、モンゴル語、二種の満洲語で書かれ、中国語の条約文はない。

このように清代を通じて満洲語が第一言語の地位にあったにも関わらず、満洲語は漢語に取って代わられ、十七世紀半ば以降はかなり衰退した。このように、言葉の衰退は支配と被支配という力関係だけで単純に決まるものではない。清朝という巨大帝国を運営する言語として、満洲語は規範性が十分ではなかったと考えられ、文化的にも人口的にも漢語文化が満洲文化を圧倒してしまったのである。

現代では、世界で多くの言語が消滅の危機にある。その多くは文字化されていない言語であり、そうした社会のなかでは文字化された別の言語がより有用であるとされたり、また少数言語を使うことが社会生活を送るうえで不利な状況にある。それは方言札のようなものがなかった地域にもその現象が観られる。

いまや音声を備えているだけでは、その言語が社会のなかで存在意義を発揮し、生き残ることが困難になっているのかも知れない。だから消えていいという話ではもちろん、ない。ひるがえっていえば、文字化こそが継承にとって重要な要素であると思われるが、言葉の継承といったときの人々の意識は、どうしても話し言葉に向きがちである。だが話し言葉の継承はそれが使われる環境要因が大きいため、なかなか容易ではない。だからある程度、読みやすい文章語で残すことは極めて重要だと思われる。

# 美しい言葉

美しい言葉、という表現から何を想像するだろうか。言葉の美しさを題材に書かれた本は数多くあり、それが一定数売れていることを考えれば、言葉に美しさを感じる感性が人々の間には宿っているように思われる。一方、汚い言葉というものもあり、悪口や暴言、誹謗、中傷の際に投げつけられる言葉をイメージする方も多いと思われる。美しさと汚さを分けるものは、丁寧さや、相手に対する配慮や話す側の姿勢である。

こうした言葉の美しさ／汚さといった評価は、一般的に一つの言語の体系のなかで下されるものである。これが言語と言語を比較したときには、ある言語がまるごと美しい、あるいはまるごと汚いといった価値判断は下せない。どの言語にも丁寧さや相手への優しい配慮を表現する手段が内在しており、また粗雑さや暴力的で攻撃的な言辞も存在するからである。よって一つの言語内部の様々な表現のありかたを全く考えずに、日本語やフランス語は美しく、琉球語やドイツ語が汚いという物言いは、歴史的に形作られた偏見にすぎない。日本では標準語の励行のために、標準語が美しく、方言が汚いといった誤った価値観が広まったが、それは誠に不幸なことだったと思う。どの言語も等しく、人に美しいと感じさせる表現があり、嫌悪感を催す言葉がある。言ってみればどの言語を話すかは、美醜とは関係がない。

さて、この言葉は日本語にあるが、英語にはないといった表現がされることがある。実際、言語によって概念の切り取り方が異なる。例えば、日本語では炊く前の米を「お米」、炊いた後を「ごはん」と区別して異なる語を使うが、英語の rice（ライス）にはこの区別はない。外国語を学べば、こうした例にしばしば遭遇する。

では人の思考は言語によって規定されてしまうのだろうか。規定されるとすればどの程度規定されるのか、といった点に関しては実はよくわかっていない。だがこの命題を誰も考えていないわけではなく、サピアとウォーフという言語学者が、言語と人間の思考・文化の関係に関する仮説を提示している。ここで言語と思考に強い相関があるとする立場を「言語決定論」、弱い相関があると考える立場を「言語相対論」と言う。

ボク自身は、強い相関の言語決定論をあまり信用していない。言語が考え方にまで影響を与えるとするには、例外が多すぎるからである。事実、同じ言語を話す双子の兄弟でも意見が違うことなどよくあるからである。よく「外国語を通して文化を学ぶ」というが、言葉と文化は別にあるのではなく、言語は文化そのものなのだと思われる。つまり外国語を学ぶことそのものが異文化理解につながるというよりは、外国語で書かれた文章で文化を学ぶ、あるいは外国語をきっかけに文化を学ぶと言った方がいいのかも知れない。

ただ日本語では「彼は寒い」とはいえず、「彼は寒そうだ」という推量表現や「彼は寒がっている」という表現しかとれない。つまり、日本語では他人が感じている感覚を断言することができないのである。日本語話者がしばしば断定を避けるといわれる理由の一つに、こうした言語的背景も存在している。そうした意味では、言語によって制限があると言えるかもしれない。また「セクハラ」という言葉の誕生で、これまでぼんやりとしていたある種の行動への認識が、明確に形作られることもある。そういった意味では、言語と思考には弱い相関があるかもしれない。だがそれは国民性や県民性、人々の性格まで規定してしまうほどではないように思える。

# 無意識の差別感情

ある航空会社の広告で、お笑い芸人扮する日本のパイロットが金髪の付け毛と高い鼻をつけて話をするシーンが差別的とされ、当該箇所がカットされた。日本人一般にとって肌の白いアングロサクソン系は差別される対象とは認識されていない。差別されていないとされる人に対しては、差別の意識が希薄になりがちである。オバマ大統領がその肌の色により差別されることは容易に想像できても、ブッシュ元大統領が肌の色で差別されるとは思わない。しかし、実際には白い肌でも差別されることがあり、またその他の歴史的文脈もあり、アメリカでは肌の色をはじめとする容姿に関わる表現は差別的ととらえられる。また特にアメリカにおいては、外国人特有のクセのある英語をまねたり、それを冗談にする行為も差別的と見なされることが多い。日本では、テレビなどで外国人の口調のモノマネで笑いをとる場面を比較的よくみかけるが、まねる側も、それを観る側も、外国語のモノマネが差別的な振る舞いであるとはみなしていない。だが、母語ではない言葉を話そうとしている人を揶揄することの根底に、差別意識をみいだす外国人は多い。差別の意図がなければ、差別にはあたらないという論はもはや通用しない。

差別のなかでも当事者にとって辛いのは、生まれながらの属性にかかわることであろう。性別、肌の色、年齢、出身など生まれながらの要素は、どうしようもない。米国人から差別とみられるもののなかで、とりわけ日本で無頓着なのは年齢である。日本ではあらゆる局面で年齢制限が設けられているが、米国ではエイジズムとして差別とみなされる。例えば、一定年齢以上の昇級ストップや退職の強制、就業を認めないことも差別にあたる。今後、こうした年齢差別に関して、アジア諸国への批判が顕在化するかも知れない。

自分は人を差別などしない。ほとんどの人はそう思っているだろう。ボクもかつて絶対に人を差別しないという自負を持っていた。

随分昔のことである。本土の回転寿司店でお寿司を食べていた。その回転寿司は見えない厨房で寿司を握っており、カウンターには少数の日本人が出ていた。食べている途中、奥の厨房から人が出て来た。肌の色はインドから中東、アフリカによく観られる茶色であった。板前の格好だったが、一目で日本人ではないと思った。その時、ボクはお店に騙されたような気分になったのである。有り体に言えば、食べている寿司をそれ以上食べたいとは思わなくなったのである。

このできごとは、ボクに大きな衝撃を与えた。それはボクのなかにある、自分でも気付いていなかった偏見と差別意識と向き合うことになったからである。それ以来、無意識の差別感情があることを自覚するようになった。自分でどれだけ差別する人間ではないと思っていても、いざという時に無意識が露呈することがあるかも知れない。かつてフランスでは、日本人が作ったフランス料理など食えないというフランス人がいたという。今ではそんなことを言う人はほとんどいないと思うが、ひるがえって日本の寿司店で女性の板前がほぼいないのは、何らかの理由があるのだろう。

では自分のなかの差別感情に気付いたとき、どうすればいいか。ここで開き直るのは下品である。自分の感覚に素直になることは時に必要だが、差別といった極めて危険な感情に対しては立ち止まる必要があろう。差別意識は理性と経験で克服すべきものである。

# 偉人と罪人とボク

南京事件や慰安婦問題の議論に接するたび、戦争責任について考える。近代以降の法理では、例えば殺人犯の息子に罪はない。戦争当時の事柄に関しても同じことが言える。ボクは戦後生まれである。日本が戦争をしていたときに生きていないのだから、戦争にも関与していない。だから戦争時に起こった事柄について自分が罪を背負うことはできない。そして、ボクが戦争時に日本人が行った罪に対し、個人的に被害者に謝罪しても、ボクは当事者ではないのだから、一体誰のための、何のための謝罪なのか、その謝罪の意味は曖昧になる。ひょっとしたら、謝罪を受けた方に、自分自身がしていない事にとりあえず謝っているといった態度ととられるかも知れない。だからこうした謝罪は、相手に対して不誠実であるとさえ思う。ちなみにこれまで中国や韓国の友人と戦争中の話や戦後処理の話をしたことがある。しかし、戦時の日本の行いに対し、ボクが彼らから謝罪を求められたことは一度も、ない。

だからといって、戦争当時の事柄にボクが無知でいいということにはならない。なぜなら国が過去の戦争にどの向き合うかは、日本の主権者たるボクの問題でもあるからである。日本国憲法は主権在民を定めているのだから、これは受け入れなくてはならない。民主主義は国民に多大な知的重責を担わせる制度なのだ。過去に国が行った行為まで十分に理解した上で、多くのことを決断しなければいけないのだから、大変な原則であることは間違いない。

一方、ドイツでは戦後、政治家が国を代表して戦前のドイツが行った事柄ついて被害者に謝罪の意を表明してきた。これは日本も同じである。だがドイツが日本と異なる点がある。それはドイツが、戦後生まれのドイツ人には罪はない、というメッセージを国民に送り続けていたことである。だが日本では「一億」総懺悔のもとに後の世代も連帯責任があるかように扱われてきた印象を拭えない。これは単に自分の印象なのかも知れない。だがボクは日本人の先達から、戦後世代のあなたたちには戦争当時の直接的な罪はない、と明言された覚えがない。

ボク個人と国家の歴史は異なる次元に属する問題である。「日本はいつまで謝罪しなくてはならないのか」といった言説は、個人と国家を混同している。戦争に関わった国々の政府が求めているのは、個人の謝罪ではなく、国家としての事実認定である。戦争時、日本国民が他国に対して残虐な行為に及んだ。このことを認めることは、ボク個人の尊厳を傷つけるものではない。ボクは当事者でも、ましてや当時の加害者でもないのである。だが過去の日本が国として行った行為や相手国を不幸に陥れた加害性を否定する言動は、他国に対して不誠実であり、それでは未来は開けない。異文化に属する人々と日々つながるなかで切実に感じることである。

また逆のことについてもいえる。例えばノーベル賞を日本人が受賞したからといって、またオリンピックで日本人選手が活躍したからといって、それはボク個人の功績ではないし、ボクの株が上がったりしないことと同じである。

# 国語科のなかの中国語

毎年実施されるセンター試験であるが、近年、私立大学のなかでは漢文を採点対象から外すところもあるという。国立大学ではそういうところはないと聞いているが、そもそも受験生には国語の科目のなかになぜ漢文が含まれているのかを疑問に思った方もいるかも知れない。ひょっとすると、かつてのボクのようにこれに疑問すら持たない方も多いのが実情だろうか。

漢文は古典中国語である。その内容は詩や哲学的な内容で、理解するのは容易ではない。漢詩なども水泳や美術のような趣味と思えば、進路を決める国語に古典中国語があるのは納得できない、そう考える向きもいらっしゃるのかも知れない。ちなみに韓国では漢文のような科目はない。「国語」のなかに古典中国語があるのは、それが東アジア地域にとって必須の教養として学ばれてきたという歴史があるからである。そして、もう一つ重要な目的がある。それは日本の歴史を紐解くためである。

例えば『古事記』、『日本書紀』は漢文で書かれている。それらには中国語の文法に即したものや、日本語風になまったものなど様々なスタイルがあるが、日本の歴史はずっと漢字という外来の文字で記されてきた。『万葉集』も今では漢字とひらがなが混じった文が教科書に書かれているが、平仮名成立以前に編纂されているので、原文は全て漢字である。そのなかには漢文訓読の方法で読まねばならない箇所もある。日本の精神世界の一部を支える仏典も日本では漢訳された仏典が多く用いられる。また有史以前の日本を知るには、主に中国の漢文で書かれた資料を読まねばならない。これは琉球の歴史も同様である。琉球の文書は主に和文と漢文からなり、漢文を読むことができなければ、琉球の歴史の全体像を把握することができない。

　そして日本や琉球において漢文で文書を書かなくなった後も、漢文訓読風の文体が多く使われた。また、大日本帝国憲法やＧＨＱ草案などつい近い過去の日本語の文献は現代に使う口語とはかけ離れた漢文訓読調で書かれ、漢文教育を通じた訓読の訓練を経なければ、何を伝えているのか理解することは困難になるだろう。我々が昔の文章を読めるのは、知らず知らずのうちに漢文教育の恩恵を受けている部分が大きい。

　朝鮮半島ではもう漢文教育に力を入れていないと聞く。かつてボクの研究室に出入りしていた韓国人留学生の若者は漢文を読みたいがハードルが高いという。彼の国ではハングルを使うことになり、漢文はおろか漢字教育も十分に行われていない。もし日本で漢文教育をやめてしまえば、大きな文化的損失である。しかし、高校などの教育現場では漢文を学ぶ意味が生徒たちに伝えられているとは言いがたい。また入試の採点対象からはずす私大も、その重要性が理解されていないのではないかと懸念する。一方、中国では、日本で若者が中国古典の精華を学ぶだけでなく、入試でも課していることは意外にも知られていない。

# 大学というところ

そもそも名称からして、高校までと大学・大学院は一線を画している。英語では小学校から高等学校まではスクール(school)が付くが、大学はユニヴァーシティ(university)であり、スクールは使わない。それは大学が質的に他の教育機関と異なるからである。

「大学」の名は本来、認可があってはじめて使用できるものである。琉球大学を設置するときも、多くの人々の大変な苦労と善男善女の浄財があってようやくこぎつけたことは、山里勝己著『琉大物語』(琉球新報社)などからもうかがえる。大学院の修士課程、博士課程を設置するときには、激しい議論の末に各種書類を取りそろえ、文部科学省に三顧の礼を尽くしたことは、いまだ記憶に新しい。そして法科大学院などの募集停止や廃止のニュースに接すると、大学や大学院を維持することもまた、大変なことなのだと改めて思う。

しかし近年、カルチャー・スクールが「○○大学」と称しているものを目にする。さらに浦添市の催しで「○○大学院」なる名称を発見した。ついにカルチャー・スクールが「大学院」の名を冠するようになったか、と複雑な感慨を抱く。

オープン・キャンパスでのことである。学生と高校生が質疑応答するコーナーで、文学をやってどういうところに就職するのかという質問があり、学生が返答に窮する場面があった。こうした質問は、数学のサイン・コサイン・タンジェントをやって何になるのだという疑問に似ている。これらの用語は確かに日常生活では使わない。だが数学は抽象的な思考力を鍛えるのに大いに役立つし、他の諸科学に応用され、例えば統計や建築、天気予報の技術など様々に繋がっている。一つの用語のみをとらえ、数学の有用性全体を否定するのは危ういことである。

大学の学問もこれに近い。大学で学ぶ内容は、それ自体をみれば職業に無用に見える。大学で学ぶものを単なる知識とみれば、その知識が古くなれば大学教育は意味が無かったということになるだろう。だが大学は一つの知識に至るプロセスや物事の仕組みを徹底的に調べることを経験することに意味がある。大学で身につけた知への アプローチが、その後、学ぶ対象が変わっても生き続ける。つまり言語学にしろ、数学にしろ、生物学にしろ、個別の事象を通して科学の普遍的な事柄を学び、その射程は卒業後の就職ではなく、人生やそれ以上の範囲にまで及ぶのである。

大学での学びは夕食に似ている。夜食べたものが、カラダのなかでどのように役に立ったかを説明することは難しい。恐らく学ぶことはこれに近いのだと思われる。

# 趣味の延長と研究

　ボクは大学では主に中国語と中国語の歴史を教えている。時々学生から「外国語が習得できれば役に立つのはわかる。だが言語の歴史など研究して何の役に立つのか」という質問を受ける。そうしたとき、ボクは言語の歴史の研究は、言語の歴史の解明のためにある、と答えるようにしている。これは清末民国初の学者・王国維の「学術の発展を望むならば、学術を目的とみなし、手段としないことがまず必要だ」という言葉の受け売りである。

　だがこうした返答は問いに向き合っていないと思われるかもしれない。冒頭の学生の問いかけは、本音では就職やお金儲けに役立つか尋ねているからである。

　実を言えば、言語の研究は金儲けやキャリア形成にはあまり役に立たない。でも人生を生きていくうえでは多少の役に立つかも知れない。言葉を探求することのない世界を想像したら、ひどく味気ないように思うのはボクだけではあるまい。言語に限らずとも、研究を通して物事を知るのは楽しいいし、研究は偏見まみれの社会から少しだけ自分を解放してくれるかも知れないからである。

ただ学ぶには金銭と時間が必要である。こうした研究に人生を費やすのが惜しいと思えば、医学や農学など「実学」に進めば宜しい。そして気が向いたときに文系の学問を学べばいいと思う。ただ外国語の修得は学習年齢が影響するため、後回しでは取り返しが付かない。

以前、台湾・香港で琉球芸能を披露する方々に中国語を教える機会があった。三線を趣味とするボクは、こうした形で貢献できたことが嬉しかった。昭和以前は考えられなかったことだが、今は三線を生業としている人もいる。こうした方々は、恐らく周囲が想像する以上に大変な思いをしているのだろう。リハーサルが夜中になったり、新たな曲を覚えたり、今回の中国語で歌を歌うというのもそうだ。しかし「趣味の延長」ととらえられることが多い。

だが考えてみたい。我々はプロ野球選手や海外のクラブで活躍するサッカー選手を目の前にして、その仕事を趣味の延長などと言うだろうか。それと同じで、大学の研究者も趣味の延長で仕事をしているわけではない。どのような労働も日常の何かとつながっている。だが人々の楽しみに関わるからといってその業務がアマチュアであることを意味しない。

我々自身も反省が必要である。研究が趣味の延長と言われる背景には、アマチュア・レベルの研究が現に存在しているからである。プロとして邁進（まいしん）することしか、研究を軽んじる周囲の評価を覆せない。

## 文系学問における「再現性」

科学には、仮説を打ち立て、それを実験などで検証するという順序で存在が確認されるものがある。山中伸弥氏のｉＰＳ細胞（人工多能性幹細胞）もそうである。六十兆個の細胞で構成される人の体は、たった一つの受精卵が増殖と分化を繰り返してできる。ｉＰＳ細胞を作成する実験も、さかのぼれば分化万能性をもつ細胞が存在するはずだ、という仮説を前提としていた。

実はＳＴＡＰ細胞をめぐるスキャンダルも仮説から実証へという流れのなかで生じたものである。ＳＴＡＰ現象という仮説を実験によって実証する。その実験段階でＳＴＡＰ細胞の捏造が起こったのである。このスキャンダルをめぐる話題で何度も言及されたのはＳＴＡＰ細胞が論文で示された手順で再現できるか否か、つまり「再現性」の問題である。科学では一定の手順を踏んで同じ現象がみられるかという再現性こそが、科学の成否を決める最も重要な鍵となる。

現代では自然科学、社会科学、人文科学と分類されているが、厳密な意味での科学は、思っている以上に範囲が狭い。科学と呼びうるものは、何らかの方法で測定できるものを対象とする。そして、それらのうち再現可能な問題に適用範囲が限られる。この基準では、理論物理学のように、性質上、実験ができないものは科学の要件を満たさないとみる立場もある。また文学や歴史学も、科学と呼ぶに値するか疑わしいと言わざるを得ない。文学研究なら、同じ詩を読んでも読み手によって解釈が様々に生まれることが許容されるし、歴史学では歴史事象を再現することはできないからである。

人文科学が科学の名に値するかはひとまずおくが、言葉の歴史を研究する分野では、仮説を立て、実験で実証するということは、あまりしない。歴史上ある現象が存在したという仮説を立て、それに合致する歴史事実を文献で探せば、都合のよい事実のみを引用することになりかねない。よってこれは慎むべきものとされる。まず歴史的事実があり、事実の積み重ねで真実を求めるのである。よって実証的な基礎研究などは、こうした事実↓理論という流れになる。

実は文系の論文も「再現性」を全く考慮していないわけではない。論文は、著者の意見に対する根拠を示すために引用がなされ、さらに参考文献が付けられている。論文では、書かれているように論理や事実を追えば、読者も同じ結論に至るように書かれている。そして読者が著者と同じ道筋で調べた結果、同じ結論にたどり着けるか。論文には、最低限こうした条件が必要とされる。だから、著者は論文で資料や方法を隠すことなく、公正な慣行に従って引用して、手の内を明かして論じなくてはならないのである。

# 授業とお稽古

セクハラ、アカハラ、パワハラ。こうした言葉の定着で、教員と学生の権力関係が強く意識されるようになった。教員の学生への言葉が嫌がらせか否かは「被害者」が判断するため、「そんな意図はなかった」では済まされない。そのため、教員はより慎重に言葉を選ばなくてはならなくなった。

世代の違い、感覚の違い、言葉の解釈の違い。相手がこちらの意図や想像を超えた解釈をすることもある。かつて不人気の底にあった元首相が日本代表選手に「せいぜい頑張ってください」と激励したことが話題になった。辞書の語釈ならまさに激励の言葉だ。それがイヤミを言ったと解釈され、批判された。教員と学生の間でこうしたことが起こらないとは言えない。ボクもセクハラ発言寸前までいった。以前、今は教職にある女子学生が、胸が大きくなるとうたった栄養剤を飲んでいるという話を向けてきた。それに対し、「大きくなったの?」とは応えず、買う予定も必要もないのに「それいくら?」と間抜けな返答をしたことがある。学生への言葉選びは、大げさに言えば地雷地帯を歩くのに似ている。

ボクは大学の授業では教える立場にあるが、三線や笛のお稽古では教わる立場にある。教え、教えられるという点では、大学の授業も三線のお稽古も変わらない。学ぶ側の希望に基づくことや、金銭が介在する点も同じ。だが両者を取り巻く状況は随分と異なる。

自分は恩師を点数化するなど想像もできないが、今の大学では学生による授業評価が広く行われている。学生が授業を多角的に評価することで、教員に反省を促し、授業の質を向上させることが期待されている。三線のお稽古にはそうした評価制度はない。だが半年三線のお稽古をした後に、師匠の教え方は五点満点で三点でした、と弟子から伝えられたら、師匠はどう感じるだろうか。師匠と弟子の関係は崩壊しかねない。弟子は師匠の技量に敬意をもち、未熟さを自覚するからこそ師事している。弟子はお客さんではなく、当たり前だが月謝で師匠を雇っているわけでもない。大学の卒業資格は就職に有利になるから、三線とは違う。そう主張する向きもあろう。だがそれこそが学校での学習を損なっているように思えてならない。大学では一部に卒業や資格のため仕方なく講義に出ていると公言する者がいる。この状況が当然と思われている時点で、学校は学ぶ場として健全とは言いがたい。大学では遅刻や無断欠席は日常茶飯事。学生は権力者である教員の要求に従う以外にすべがない存在とされているのに、である。

一方、三線のお稽古では、師匠の目の前でやる気のなさを誇示する者はいない。真剣で謙虚で、礼儀のなかにも友好的な雰囲気がある。三線を始めて、学び、教える原点をみた思いだった。大学は何十年も改革をしてきたが、稽古にある大切なものを失ったのかも知れぬ。しかし、ボクは何とかそこに希望を見いだしたいと思っている。

# 楽しむことを覚える

ボクは言語がどのように変化して現在に至るのかを科学的方法で解明しようとしている。だが論理的、合理的に説明した事柄が当時の現実だったか不安が残る。わが専門の言語史なら五百年前の首里の発音はこうでした、と現存する琉球語を記した様々な歴史的資料を使って論証しても、その時代に戻って確認することができない以上、本当に当時の人々が文献に反映されたような言語を話しているのかは、わからない。科学的方法、ひいては科学への疑いはこの点から生まれるのだと思われる。だが歴史上のある種の事柄を、第三者にも理解してもらうためには、何らかの根拠を示す必要がある。今のところ歴史的資料や比較言語学といった方法にとって代わる有力な方法がない。だから、科学的方法に勝る有力な方法は、現時点では存在しないと言えるだろう。第三者が検証しようのない論、つまり反証可能性のない論というのは、単なる感想にすぎない。

科学的方法を使って書かれた文章を論文と呼んでいる。論文はいわばジグソーパズルの一片である。普通パズルの一片だけでは、それが何の絵だかわからない。現代の科学は専門が違えば素人同然である。ある分野の大家が、別の分野でとんでもないことを言っていることも珍しいことではない。それはともかく、一本の論文がいわば極小のジグソーの一片となっているから、研究の全体像を一本の論文からつかむのはさらに難しくなっている。新入生が大学に入学して最初に戸惑うのは、一つ一つの論がいったいどこにつながっているのかわからないというところだろう。

しかしながら研究が世界の人々が寄って集って巨大なパズルを解くような営みであることに変わりはない。大学で学ぶとは世界規模の壮大なゲームに参加することだ。ここで重要なのは競争よりも協力である。学校での勉強は競争だと思っている人も多いかと思うが、研究は協力しあうことなしには発展しない。こういう意味で、大学での研究と実社会は同じである。先行研究を批判的に検討することは一見すると競争しているように見えるが、実は学術を進展させるための協力的行為なのである。

研究で明らかになる絵は、この世界の仕組みや法則、美しさや、時に醜さを垣間見せる。真実に近づくのは、決して楽ではないが、研究を通じてこの世界の解明や発展に貢献できる喜びは何物にも代えがたい。

近年、大学の役割が個人利益の増大とされ、多くの大学の広告では学習に対する換金性の高さを宣伝している。検定試験などの点数アップにいそしむのも結構だが、それでは高校までの試験対策と同じである。未解明の問題に取り組むのが、大学と学生の使命であり、面白さだ。

大学で学びに迷ったら、周囲がどんなゲームに参加しているか観察してほしい。研究の醍醐味を覚えるのに四年はあまりに短いが、楽しむことを覚えられれば、その後の人生もまた楽しくなるに違いない。

# あとがき

本書の題名は、私淑する西江雅之先生の『「ことば」の課外授業』（洋泉社）にオマージュを捧げる意味で付けられている。

もちろん内容的に氏の著作には到底およばない。だが、ボクはこの本をとても楽しんで書くことができた。ボクは中国語の研究から出発した者であり、中国語学の教員として採用されているので、本書で書かれている内容は大学でほとんど講義していない。普段は琉球語ではなく、中国語に関連する授業を担当しているので、そうした意味でも本書は「課外授業」なのである。

よって、当初、書きためた原稿だけがあり、それらを出版するつもりも、また、めどもなかった。そこで同僚の民俗学者の赤嶺政信先生が、ボーダーインクの新城和博氏を紹介して下さった。なるべく一般の沖縄の方にも分かって下さるようにという新城氏の思いとアドバイスを受け、表現を改め、記事の順序も入れ替えた。

各記事の着想も、赤嶺先生や琉球語の専門家である狩俣繁久先生にお話を聞いてもらった。また、安富祖流絃声会の金城武研究所で三線を、我那覇常允研究所で笛を学ぶなかで師匠や兄弟子から多くのことを学んだ。ここではひとりひとりのお名前を挙げられないが、改めて深い謝意を表したい。

ボクが所属する琉球アジア文化専攻では入試で面接試験を行っている。そのなかで志望動機に同僚の著書を挙げる受験生が毎年必ずいる（ちなみにそれは合否に影響しません）。幸か不幸かボクはその当事者になったことはないので、そんな場面で名指しをされる方の心境は分からない。だが本書の出版によって、今後はそんなこともあるかも知れない。いや、むしろそんな可能性などないことの方が大きいが、少しでも読者の興味を刺激できれば、これにまさる喜びはない。

二〇一五年五月五日

麝香百合が揺れるキャンパスで

石崎博志　Hiroshi ISHIZAKI

一九七〇年石川県金沢市生まれ。東京都立大学人文科学研究科博士課程中退。復旦大学（中国）国費留学、国立高等研究院（École Pratique des Hautes Études, フランス）客員研究員。博士（文化交渉学 関西大学）。一九九七年より沖縄在住。琉球大学法文学部准教授。専門は中国語史、琉球語史。単著に石崎博志著『琉球語史研究』（好文出版、二〇一五年）、共編に遠藤光暁・石崎博志編著『現代漢語的歴史研究』（浙江大学出版社、二〇一五年）。二〇一二年第十六回窪徳忠琉中関係奨励賞、二〇一三年第三五回沖縄文化協会賞（金城朝永賞）受賞。

**しまくとぅばの課外授業**

琉球語の歴史を眺める

2015年8月5日　第1刷発行

著　者　石崎　博志

発行者　宮城　正勝

発行所　㈲ボーダーインク
沖縄県那覇市与儀226-3
http://www.borderink.com
tel 098-835-2777　fax 098-835-2840

印刷所　近代美術株式会社

定価はカバーに表示しています。 

ISBN978-4-89982-281-3　　printed in OKINAWA Japan